運命は東風に乗って

日高 万里子

随筆で綴る自分史

随筆で綴る自分史

運命は東風に乗って　目次

第一章　少女時代

第二章　結婚して

第三章　私の生き方

運命は東風に乗って

日高　万里子

第一章　少女時代

禁じられた遊び

このほど、亡き弟の七回忌法要のために帰阪した。法要は午前十時からなので、宇都宮・京都間は夜行高速バスを利用した。

実家とはいえ、私が泊まれば、弟が製薬会社定年後に始めた調剤薬局を、前線で守っている義妹に余計な面倒を掛けてしまう。一方で、いまや浄土真宗本願寺派の総務である住職が、幼なじみの弟のためにぜひ自らが勤行したいと言われて、多忙な中を敢《あ》えて午前中に都合をつけてもらった手前、遅れては申し訳ない。

慣れないバスの中でまんじりとも出来なかった私は、法要の間、朗ろうたる読経をうつらうつら聞きながら、子どものころを思い出していた。

昭和二十（１９４５）年、大阪大空襲で家も家族も失った叔母は、郊外のわが家の近くにあるお寺に身を寄せていた。叔母を訪ねる用向きの他《ほか》に、弟と同い年の小坊ちゃんと遊ぶという口実もあり、私たちはお寺の通用門をわがもの顔に行き来した。

離れの叔母のところへ行くときにはお墓の横を通る。五歳の私には、お墓に厳粛さやましてや恐怖を感じることはなかった。そこは、色とりどりの玉石が敷き詰められ、きれいな花が供えてあって、お香の匂いも漂う楽園だった。小坊ちゃんは孫養子だったため、「小坊」「小坊」と可愛がられて、多少のいたずらも大目に見られていた。

ある日、私と弟と小坊ちゃんはお墓で「禁じられた遊び」をした。それは、たった一度切りの、生涯で最も楽しい隠《かく》れん坊だった。林立した墓石の陰は格好の隠れ場所だった。「もういいかい？」「まあだだよ！」と叫びながら走り回っている声が叔母の耳に入り、大目玉を食らった。

フランス映画『禁じられた遊び』では、１９４０年のドイツ軍爆撃で両親と愛犬を失った少女が、愛犬のお墓を造って、教会の墓地から盗んできた十字架を飾る。

ほぼ同じ時期に、凄惨《せいさん》な戦禍も知らない同年齢の私が、偶然にも同じく墓場で遊んでいたというだけの共通点しかないのだが、むしろ、ないからこそ堪《たま》らなく郷愁を呼び起こされる。

あのときの小坊ちゃんにいま、弟の追善供養を勤めてもらっている。弟が「小坊」「小坊」と気安く呼んでいた人が、現在では僧侶の重鎮、片や弟は他界して早七年、人生というマラソンで姉弟共ども大差を付けられてしまった。

同窓会でも「お墓」が話題に上《のぼ》る歳になった。核家族、高齢化が進み、累代墓を守り続けるのが難しくなった昨今、お墓に対する考え方も多様になってきた。合祀や樹木葬、友人やペットと一緒に入るお墓もあれば、散骨してお墓は建てないという人もいる。家族の形態が変われば、当然お墓も変わる。まだ元気なうちに、真剣に考えておかねばならない。最期は確実に迫りつつある。

帰路は新幹線を利用した。婚家の山墓は、車窓から望む近江富士の麓《ふもと》にある。周辺は限界集落となり、人里離れた雑木林に踏み入るのも空恐ろしい。鬱蒼《うっそう》として不穏な山陰の、倒壊の危険さえある丈の高いお墓ではなく、明るくて風通しのよい丘の上の、平らなお花畑で私は眠りたい。そこなら「隠れん坊」も出来まい。もし許されるのであれば、ひとり寂しく眠っているよりも、子や孫が私の周りで歌ったり踊ったりしてくれると嬉しい。

ナルシソ・イエペスのあのギターの旋律が、映像とともに記憶に甦《よみがえ》ってきた。

父と過ごした夏

昭和二十四（１９４９）年、小学三年生だった私は、春休みに受けたアデノイド（増殖性扁桃肥大症）手術の予後が悪く、夏休みも大阪中央病院に通うことになった。朝、父と一緒に阪急電車で天神橋の会社へ行って、昼休みに梅田の病院へ連れていってもらい、その後、父の仕事が終わるまで会社で遊んでいて、夕方また一緒に帰るという毎日だった。

満員の通勤電車の中で、吊り革に掴《つか》まれなくてふらふらしていると、走行中は進行方向に向かって脚を左右に開いてバランスを取り、発着時は脚を前後に構えて制動するように、と父が教えてくれた。いわゆる「慣性の法則」とやらをここで学んだ。

耳鼻科の治療では、鼻の両穴に順次、異なる薬の付いた綿棒を三本ずつ入れられる。その六本を片手で一気に引き抜かれるときは、痛くて前のめりになるし、咽頭に薬を塗られるときも、苦しくて吐きそうになるのをぐっと堪《こら》えた。

真夏の昼下がり、会社の前のアスファルトは焼け付くように熱かった。当時、技術者の父は自分の事務所を構えていて、私はその前の水撒きを任された。

「壽子、水を撒くとなんで涼しくなるか分かるか？」

分からなかったけれども、とにかく涼しくなった。「気化熱」を教えてもらったのはこのときだ。私が退屈しないように、父なりに精いっぱい遊んでくれていたのだ。

会社が終わるとわくわくした。きょうも帰りに氷西瓜が食べられるかなあ……。

阪急の天神橋駅（現天神橋筋六丁目駅）は、当時から日本一長い商店街として知られる天神橋筋商店街の北端にあった。暑い日の帰りには、駅の直ぐ横丁の喫茶店で、一口大に切った数切れの西瓜の上に甘い霙《みぞれ》の掛かった「氷西瓜」を、父が食べさせてくれた。

思った通り、この日も店に入った。が、いつもの氷西瓜ではなかった。銀色の小さな高坏《たかつき》にクリーム色の田舎饅頭が一個載っているだけだった。

「こんな暑い日に、なんで氷西瓜じゃないの？」

と、私は不服そうに言った。

「まあ、いいから食べてごらん」

渋しぶ口に入れたとたん、いままでに味わったことのない、円《まろ》やかな甘さと仄《ほの》かな香りが口中に冷たく広がった。あまりの美味しさに目を白黒させている私を見て、父は悦に入っている。

冷たさに痺《しび》れた私の口の周りには、アイス・クリームがべったりくっついていた。

あの横丁は、いまはもうない。新しい通りを若い人たちがジェラートを食べながら歩いていく。アイス・クリームも多彩になり、美味になったけれども、行く先ざきで食べてみるどんな高級アイス・クリームにも、あのときのあの感動は得られない。いつ、どこで、だれと、どんな状況で食べたかによって、ものの味は決まるのではないだろうか。

山口県下松市の日立製作所に機械技師として勤務していた父は、戦時中、大阪で母の実家が営む軍需工場へ招喚された。戦争によって運命を大きく変えられた父は戦後、独立して空調の設計事務所を開設したが、あのころはまだ駆け出しで、暮らし向きは楽ではなかった。

そんな折、ごみごみした路地裏の喫茶店で、氷西瓜よりも遙《はる》かに高価なアイス・クリームを奮発して食べさせてくれた父の心が、私の中で昔のあの味を特別なものにしているように思える。

煤《すす》けた喫茶店のかつてのテーブル席で、銀色の高坏に載ったクリーム色のアイス・クリームをもう一度食べてみたい。

「壽子もおばあさんになったたな」

と、父が笑っている気がする。

祖母の腰巾着

母方の祖母は壽《じゅ》といい、私の名前は祖母からもらった。「壽」は画数が多く、正確に書いてくれる人は少ないし、自分でも書くのが大変だけれど、一画一画を丁寧に書いていると祖母の姿が脳裏を過《よぎ》る。

祖父が早くに亡くなったため、祖母は皮革工場経営と七人の子育てを女手ひとつで熟《こな》した。尤《もっと》も何人かのお手伝いさんの手を借りてだが、采配は祖母がふるった。伯父が家督を継ぐと、自らは隠居して離れに移った。そのころからである、私が祖母の許《もと》に遊びにいくようになったのは。

祖母が工場の薬品倉庫、製品庫、山羊小屋、研究室、温室などの見回りにいくときは、いつも付いていった。山羊小屋では乳搾りをさせてもらうのが面白くて、飽《あ》きたら干し草の上に寝ころんで遊んだ。藁の寝床は温かかった。搾った乳を研究室に持っていくと、チーズや化粧用クリームに加工された。温室には冬でもゼラニウムやベゴニアが咲いていて、祖母のお伴はほんとうに楽しかった。

祖母が両手を後ろに組んで歩くと、私も後手を組んで付いていったので、工員さんたちが指をさして笑った。腰には鍵の幾つも入った巾着をぶら下げていたが、私も祖母の腰巾着よろしく、始終くっ付いて回った。

明治元年生まれの祖母は、太平洋戦争前はずいぶんハイカラな暮らしをしていた。工場には卓球室があったし、家にはピアノがあった。チーズやカステラも食べていたし、ベッドに寝ていた。山羊の乳から造ったチーズは臭くて食べられなかったけれど、カステラを初めて食べたときは、「こんなに美味しい食パンは初めてだ！」と驚いた。

戦争中は軍需工場となり、ボルトやナットを製造していた。戦後になると合成皮革が主流となり、天然皮革製品は排斥されてさっぱり売れなくなった。私が小学校へ入学するとき、祖母はランドセルと靴をプレゼントしてくれたが、それは残っていた牛皮で工員さんが作ってくれたものだった。どちらも堅くて重かったけれど、下駄履きで持ち手が木製の手提げ鞄を持っていた同級生よりはよほど格好がよかった。

厳しい状況下でも最後まで毅然《きぜん》としていて、「壽」の取り持つ縁か、私を殊更《ことさら》に可愛がってくれたし、私も祖母にうるさく付き纏《まと》った。

　私の家は祖母の家からほんの二、三分の距離にあった。草餅やお萩や西瓜を持っていくと、お駄賃にと、市松人形やハンカチや手鏡をもらった。

　母が留守のときは祖母のところに行った。一緒に遊んでくれるわけでもなかったが、祖母がそろばんを弾《はじ》いたり手紙を書いたりしている横で、黙って学校の宿題をしているだけで楽しかった。

　私が小学五年生の冬、脳溢血で倒れた祖母の容態が急変した。最後に会わせておかないとあとで私が悲しむからと、学校へ知らせが来たのでとんで帰った。

　祖母はいつものベッドに寝ていた。急に小さく見えた。

「おばあちゃん、私だよ、分かる？」

　祖母はうっすらと目を開けて頷《うなず》いた。

「私、学級委員になったよ。こんど、学芸会で主役もやるよ！」

　何か言ってほしかったのに、祖母は力なく微笑んだだけだった。悲しくなって私は泣いた。

　あとで、

「壽子が泣いてくれた……」

と喜んでいたそうだ。


私自身にもいま五歳になる孫娘がいる。

「おばあちゃん」と、すり寄ってきて手を繋《つな》いでくれたとき、

「おばあちゃんの手、がさがさだね」

と言われてしまった。

「そうだよね。ざらざらでごめんね」

年末の大掃除でささくれた手を思わず引っ込めようとしたら、

「だいじょうぶだよ。わたしにもそんなときがあるよ」

と、柔らかい小さな手で逆にぎゅっと握り返してくれた。

追おいに皺が寄り、白髪も増えて、外見は醜くなる一方だけれど、心根は優しく温かい祖母として、彼女の記憶の片隅にそっと潜んでいたい、私の思い出の中にはつねに私の祖母がいるように。

おつかい

　平成元（1989）年に導入された消費税3％がやがて5％になり、8％になって、令和元（2019）年にはついに10％になった。スーパーの価格表示は税込み、税抜き区《まち》まちで、うっかりすると予算をオーバーしてしまう。セルフ・レジやキャッシュレス決済等、人や金を介さなくても機械的、効率的に買えるようになった反面、子どもをひとりでおつかいにも出せないし、料理法を教えてくれる店員も見当たらない。昔は時間がゆっくりと流れていて、「おつかい」にも人情味があった。

　小学生のころ、よくおつかいに行かされた。小さいときからおもちゃのお金で「買い物ごっこ」をしていたので、母が実際に行かせてみようと思ったらしい。

　公設市場でほうれん草は三把十円、鯖一匹三十円、牛肉百匁《もんめ》百円ぐらいだった。ほうれん草はそのまま、鯖は新聞紙で巻いて、牛肉は竹の皮に包んで、それぞれの店で私の買い物籠に入れてくれた。安いものを上手に買い、値段をきちんと覚えて帰って、釣り銭もぴったり合ったので、いつも褒められた。

メートル法が施行され、匁がグラムに変わったときから、釣り銭が合わない日があった。

肉屋のおじさんはいつものように、

「嬢ちゃん、きょうは何をあげますか?」

と、にこにこして尋ねてくれたが、

「えーと……」換算がうまく出来ない私は、

「あのう、並み肉をえーと……400gください」

やっとの思いでこう答えると、

「そうかい、そうかい、百匁だね」

と言って、おじさんは少し多めに包んでくれた。ほっとして、値段をよく覚えないまま帰ってきてしまった。

ある夜、火事を告げる半鐘が鳴り渡った。外に飛び出すと、炎で空が真っ赤に染まっていた。

翌朝になって、公設市場が全焼したことを知った。学校の帰りに見にいったら、あの八百屋《やおや》も魚屋も肉屋も何もかもすっかり焼け落ちて、辺り一面に焦げた臭いが立ち込めていた。

数年後、跡地にスーパー・マーケットがオープンした。値段の表示してない品があり、尋ねる店員も近くにいなくて、合計額はレジでしか分からない。お金が足りるかどうか不安だった。いままで市場の個々の店で勘定を払っていたから、財布を見ればあといくら残っているかが直ぐに分かった。いろんな店のおじさんやおばさんとも顔なじみになって、時折「おまけ」もしてもらったので、おつかいはとても楽しかった。スーパー・マーケットでは、ひと言もしゃべらないで何でも買えてしまう。便利ではあるが、こんなに味気ない店はつまらないと思った。昭和三十四（１９５９）年ころのことである。

近年、高齢者向けに移動スーパーやオン・ライン・ショップ、宅配サービス等、新しい形態の買い物システムが出来て、世の中が進歩した反面、ゴミ問題も浮上してきた。それに、キャッシュレス決済にはまだ戸惑っている。慣れれば、またそれが当たり前になるのだが、買い物籠世代には、財布にはカードよりもやっぱり現金が入っていてほしい。たくさん入っていると、感覚的にも嬉しくなる。

そう思っていたある日、近所のスーパーで私の前に並んでいた人が、スマホ決済して１０％

のポイント還元を受けた。毎日のことだからこれは大きい。

新しいものを受け入れるには、古いものを捨てなければならない。守りよりも攻め、ここはひとつ思い切って乗ってみるか、キャッシュレスの波に。

すれ違った思いやり

あの当時、私の家にはピアノがなかった。練習は直ぐ近くの母の実家か、隣の洋子ちゃんの家でさせてもらった。わが家のオルガンで弾ける限界はとっくに超えていた。

母の実家では従兄が大学受験を控えていて、私が練習にいくたびに迷惑そうな顔をされた。洋子ちゃんの家でも、おじさんが病弱で臥せり勝ちなため、やっぱりいい顔はされなかった。彼女は音大のピアノ科を受験するため、夜遅くまで熱心に練習していたが、いくら遠縁でも私は気が引けた。

地区中学校の合唱コンクールが迫っていたある日、私は教員室へ音楽科のA先生を訪ねた。

「あの……私、やっぱりピアノ伴奏は出来ません……」

A先生は私たちのクラス担任でもあった。事情を呑み込まれた先生は、

「それじゃ、私の家ならだれも何も言わないから、いつでも練習にいらっしゃい」

学校の帰りに先生のお宅を訪ねたが、予想通り、級友たちから「ひいき！　ひいき！」と囃し立てられた。

八方塞《ふさ》がりの私は、とうとう洋子ちゃんに伴奏を代わってもらうことにした。

私の家の書斎には、父の機械工学の専門書や母の英文学の原書が並んでいて、私たちはそこを「お部屋」と呼んでいた。お座敷の次に大切な部屋だった。

大好きだったピアノが弾けなくなった私は、学校から帰るとお部屋に籠もって、母の蔵書を一冊、また一冊と引っ張り出しているうちに、銅版画の挿絵の魅力に取り付かれた。カールをした髪に羽飾りの付いた帽子を被《かぶ》ってロング・スカートをはいた女性や、シルク・ハットを被り、蝶ネクタイに燕尾服を着てタイツをはいた男性の挿絵を見詰めては、十九世紀のイギリス文学作品の原書を、自分の力で読んでみたいという衝動に駆られた。ピアノで叶えられない夢を英文学に託そう。

それからというもの、英語を必死に勉強した。そして、学力テストの成績が学年で一番になった日、私は嬉しくて、一目散に駆けて帰った。早く知らせようと近道して、公園を駆け抜け、土手を駆け上がり、また駆け下りて、ハアハア喘《あえ》ぎながら家に辿り着いた。

家の前には大きなトラックが止まっていた。後ろのあおりが下りたまま、布団が散らかっていた。玄関には靴がたくさん脱いであった。

「ただいまぁ……」

徒《ただ》ならぬ雰囲気に恐《おそ》るおそる上がると、みんなはお部屋に集まっていた。

みんなの顔が一斉に私のほうを向いた。訳の分からないまま、恐《こわ》ごわ中に入って私が見たもの、それは、でんと据わった漆黒のアップライト・ピアノだった。

母に見せようと手に持っていた成績表をくしゃくしゃに握り締めたまま、私は仁王立ちになり、思わず泣き出してしまった、私の喜ぶ顔を見ようと集まっていた人たちの前で。

私は、わが家がピアノを買えるような経済状態ではないことをよく知っていた。だからこそ、書物だけでも夢が叶う英文学を選んだつもりだった。母は母で、A先生宅へピアノのお礼に伺ったときに、私があれ以来、練習にいっていないと聞いて、ピアノを購入する段取りを父と密《ひそ》かに進めてきていたのだ。

父は「埴生の宿」という歌が好きで、ピアノで弾いてくれ、とよく私に所望した。「玉の装い羨まじ」は、父にぴったりの歌詞だと思った。

そのピアノを持って嫁入りしたが、婚家では義父母に気兼ねして、自由にピアノが弾けなかった。やっと私たちの時代になって存分に弾けると思った矢先に、家を処分して狭いアパートに引っ越すことになり、大事にしていたピアノを泣くなく手放した。

その後、電子ピアノに買い換えたが、この歌を弾くたびに、質素な暮らしでもわが家が楽しい、と思っていた父の心が痛いほどよく分かる。苦労して買ってもらったピアノなのに、粗末にしてしまった親不孝を心から詫びたい。

十五歳の春

昭和二十八（１９５３）年、Ｉ市には公立高校が二校あった。両校とも男女共学だったが、Ｍ高は前身が旧制中学校、Ｆ高は旧制女学校だったために、当時でも男子はＭ高へ、女子はＦ高へ、という風潮がまだ強かった。私の家からは、北へ向かってＭ高、中学校、Ｉ駅、Ｆ高の順に並んでいた。だから、Ｍ高へ行くほうが近くてよほど楽だったのに、私にはどうしてもＦ高へ行かなくてはならない理由があった、女子なので世間並みにＦ高を目指すという理由以外に。

中学一年生のとき、英語の担任が病気療養のため、非常勤講師としてＴ先生が赴任してこられた。年格好は二十二、三。長身の美男子で、若きころの松岡修造似《に》とでも言うべきか？　この先生の所為《せい》で、私の人生の歯車は軋《きし》み始めた。

Ｔ先生がバイオリン奏者で、ソフトボールも得意だったことから、新しくバイオリン・クラブが出来、ソフトボール部も新設された。

バイオリン・クラブへは数名が入部したが、初心者は私だけだった。

「左肘をもっと体に引き寄せて！」

「右肘は手首よりも高く！」

　と、T先生は私のために、バイオリンの構え方や弓の持ち方まで丁寧に指導してくださったが、所詮、既習者には敵《かな》わない。発表会ではいつもピアノ伴奏に回された。どうせそうなることくらい、最初から分かっていた。そもそも動機が不純だった。惹《ひ》かれたのはバイオリンにではなく、T先生にだったからだ。

　当然、勉強は上《うわ》の空だった。授業中も、校庭でソフトボールを指導されているT先生を、窓からうっとり眺めていた。得意だった英語の成績も徐々に下がり、F高への進学が危うくなった。でも、どうしてもF高へ行きたかった。T先生はI駅で下車、中学校まで歩いてこられる。私がF高へ行けば、中学校からI駅までの間でT先生と行き会うチャンスがある！　猛勉強が始まった。

　十五歳の春、待望のF高一年生になった。家からF高までは歩いて三十分も掛かったけれど、I駅からM高へ向かってくる高校生の波に逆らい、I駅のガード下を潜って、私は紺の制服を着て颯爽《さっそう》と通った。

しかし、来る日も来る日もT先生に出会うことはなかった。春が過ぎて初夏になったころ、ようやく知った、私たちが卒業して間もなく、T先生は就職先が決まって東京へ行かれたことを。あれ以来、T先生に会うことはなかったが、却《かえ》ってそれがよかった。もし続きがあったなら、この淡い思い出は、もっとどろどろしたものになっていたかもしれない。

先ごろ、孫が埼玉県立高校（男子高）に入学した。学校祭には近隣の女子高生がわんさと詰めかけるらしい。

「あなたも女の子に人気があるんでしょう？」と言ったら、

「おとなって、直ぐそういうことを言うんだね」と一蹴された。

興味本位で聞いているのではない。初《うい》ういしく、密かに胸がときめく、若さゆえに脆《もろ》くもある、そんな青春の思い出を紡いでほしい。

幻想の交響曲

ラジオでクラシック音楽をよく聴く。朝、「クラシック・カフェ」でベートーヴェンの交響曲第七番を聴いた夜、「ベスト・オブ・クラシック」でも同じ曲が流れた。この曲を聴くと、若き日の感動が鮮烈に呼び覚まされる。

高度経済成長期の昭和三十三（1958）年、国際的な音楽祭を開催出来るコンサート・ホールが、日本で初めて大阪にオープンした。世界有数と謳《うた》われるほどの、二千七百席を擁するホールには赤いじゅうたんが敷かれ、ロビーには豪華なシャンデリアが下がっていた。

創設以来、毎年春に開催されてきた「大阪国際フェスティバル」の第六回開催に向け、招待状送り先リストを作成する学生アルバイトをしたときのことである。

前年度のリストを基《もと》に、各協賛会社へ電話を掛けて人事異動を確認するのは、慣れるまで大変だった。この仕事は私にはなじめない、と落ち込んでいたある日、

「お昼は少ししか食べなかったね」

　と、同じアルバイトのSさんから声を掛けられた。

「あした『ジャン・クリストフ』を持ってくるわね」

　とも言われ、私たちは書物を通じて次第に親しくなっていった。

『ベートーヴェンの生涯』を書いたロマン・ロランはベートーヴェンに傾倒し、さらにベートーヴェン自身をモデルにした小説『ジャン・クリストフ』を書いた。その序文で、

「クリストフは新しい別のベートーヴェンであり、ベートーヴェン的なタイプの英雄である」

と述べている。ベートーヴェンの投影がある音楽家ジャン・クリストフの奔放な生きかたを描いたこの交響曲的作品を読んで、私たちはフェスティバル開幕に向けて胸を膨らませていった。

　やがてロンドン交響楽団と指揮者モントゥも来日、フェスティバルは堂々オープンした。来賓受け付けを終えると、Sさんとホールの後方でベートーヴェンの交響曲第七番、第八番を毎晩のように聴いた。

　ロランが幾度か生《せい》の虚無感に襲われたときに、彼の心の内部に無限の生の灯《とも》し火を点《とも》してくれたのは、実にベートーヴェンの音楽だったという。

　私たちはこの名立たるホールで、ふたりの芸術家の自然観、宗教観、芸術観が響き合う魂の

美しいハーモニーを、名指揮者によるロンドン交響楽団の生演奏で聴くという贅沢に酔い痴れた。

ベートーヴェンの交響曲を聴いていると、ロランがクリストフに生きる喜びと真の幸福を与え続けたように、私も、何かとても不思議な力を授かる気がした。目を閉じると、そこはもうパリのシャンゼリゼ劇場で、クリストフ自身が指揮をしている錯覚に見舞われた。ただ聴いていると素直に美しい交響曲が、ロランを通して聴くことによって、それはもはや奇《く》しくも華やかな幻想曲の世界に変わっていた。演奏が終わると、ベートーヴェンが現われて、クリストフと握手をしたのだ。

あれから五十余年、ホールは建て替えられ、平成二十五（２０１３）年にフェスティバルは再び開幕されたが、最新鋭の技術を駆使した新しいホールよりも、赤いじゅうたんと豪華なシャンデリアがあった昔のあのホールが懐かしい。モントゥにももう会えなくなったし、Ｓさんの消息も分からない。

『ジャン・クリストフ』の一節を思い出す。

「われわれの愛している人々が遠くにいて不在であるとき、この不在は、その人びとがわれわれの心に及ぼす力をさらに大きなものにする」

東山の女坂

大学は第二志望校へ行くことになり、とても落ち込んでいた。それなのに、娘には短大を卒業してからひと通りの稽古事をと考えていた母は、私の大学在学中から毎日のように和洋裁、茶華道、料理等の、いわゆる花嫁修業を強いた。

無理もない。母は高等女学校の高等科英文学科を卒業した。原書を読み耽《ふけ》り、英語の弁論大会に優勝したりして、家事裁縫はからっきし駄目なまま結婚した。ご飯の炊き方も分からず苦労した同じ苦い経験を、私にはさせたくないとの母心からだった。

当然ながら、私は勉学に身が入らなかった。稽古事はもっと嫌だった。高校に進学してから理科と数学で躓《つまず》いたので、来年もう一度、英語で勝負出来る大学を目指したいと、授業をサボっては円山公園で受験勉強をしていた。

「こんな時間にこんな場所で何してるの？」

背後から肩を叩かれてどきっとした。同級のKさんだった。彼女も現状を受け入れられずに辺りをさまよっていた。Kさんの理想は私のそれよりも遥かに高かった。

公園の枝垂れ桜が葉桜になるころ、私たちはようやく観念した。素直に敗北を認めてともに前進することにした。

東山の女坂は、東大路通りから智積院と妙法院の間を東に上がる緩やかな坂で、豊国廟へと通じていた。通りからその坂を少し上がったところに私の通う女子大学があった。朝夕に女子学生が上り下りすることから一名「女坂」と呼ばれ、現在でこそおしゃれなカフェが並んでいるが、当時は深閑とした参道だった。

授業が終わると、四条河原町界隈《かいわい》へと繰り出した。昭和三十六（１９６１）年ころ、河原町蛸薬師に「ＬＵＣＥ」という名曲喫茶があった。仄暗い店内にはコーヒーの香りが漂い、クラシック音楽が流れていて、学生たちのサロンと化していた。

そこでＫさんと一緒に勉強した。彼女は何かと要領のよい人で、私がこつこつ勉強した英文学のノートを写しては、私よりもずっと上の成績を修めた。私がお茶やお華の稽古に通っている間、彼女は京都大学の学生らと遊び呆《ほう》けていた。

「教科教育法の代返、よろしくね！」

退屈な授業、だれもが代返している。何度も断ったのに、一方的に押し切られてしまった。代返をして私は声が震えた。強引な人だったし、私も嫌とは言えない内気な学生だったが、それでも持ちつ持たれつの私たちの関係は続いた。表向きは利用されているようでも、裏では彼女の要領のよさをしっかり体得していく私だった。

そのKさんが、教員採用試験に不合格となった。退屈な授業に報復されてしまったのだ。私が代返を断っていれば、結果は違っていただろうか。

就職しない私は、慰めようもなく途方に暮れた。円山公園の枝垂れ桜の蕾はまだ固かった。北山颪《おろし》に吹かれながら、ベンチで彼女に寄り添い、黙ったまま温かいおぜんざいを食べた。

東山の女坂を四年間通《かよ》った級友たちは、卒業してそれぞれの道に進んだ。Kさんは結局、某大学の英文学研究室の助手となり、首尾よく教授夫人の座に落ち着いたものの、数年後には離婚し、波瀾万丈の人生を送る。

花嫁修業を終えた私は、世間知らずのままさっさと旧家に嫁ぎ、分相応の主婦として平凡に暮らしてきた。大した才覚もない私には、これが一番幸せな道だったのかもしれない。

あのころは母に反抗して悪かった。母は私の適性を最初から見抜いていたのだと思う。もう直ぐ迎える三十三回忌には、感謝を込めて胡蝶蘭を手向けよう。

第二章　結婚して

運命は東風に乗って

気が付いたら、東北本線宇都宮駅から上野行きの普通列車に乗っていた。夜の八時を少し回っていた。前後の見境もなく、取るものも取り敢えず、しゃにむに家を出た。もう我慢がならなかった。このときは、幼い子ども三人に対する愛情よりも、義母に対する嫌悪のほうが強かった。

上りの列車はがらがらに空いていた。行く当てはなかった。普段着のままちょこんと腰掛けている私の出奔は、傍目《はため》にも見え透《す》いていたことであろう。ガタガタと無情に走る列車の音が後ろめたい心に響いて、ひどく惨めだった。

昭和三十九（1964）年の正月、「運勢は東にあり」という御御籤《おみくじ》を引いた。そしてその通り、運命の人は東から来た。

見合いの席で、

「素晴らしい恋をしたくありませんか？」

と、彼は言った。双方とも家系を重んじる家柄のため、私たちは自由に相手を選ぶことが許されなかった。恋愛をして婚約に辿り着く普通のパターンとは逆に、私たちは婚約をしてから恋愛をした。

彼は月に一週間ぐらいの割で、勤務先の栃木県から京都に帰ってきた。その間は毎日会った。栃木県に戻った彼からは、連日のように手紙が届いた。先方は旧家の御曹司ゆえ、料理を習え、次は裁縫だのと母はせっついたけれども、彼にしか目がいっていなかった私は、「結婚すれば嫌でもしなければならないこと」と、全く意に介さなかった。

彼の留守中に、私は自動車学校に通った。

「栃木県では車が必要だから、運転免許を取る気はありませんか？」

と、予《かね》が言われていた。

七月の昼下がり、車窓から差し込む強烈な紫外線を浴びて真っ黒に日焼けしながら、それでも必死に運転の教習を受けていた。

そんなある日、彼がいきなり教習所にやってきた。私が免許取得に躍起になって、会う時間を作れずにいたのが不満らしい。来ないでほしい、とあれほど念を押しておいたのに、あっさり無視されてしまった。しかも黒の「ブルー・バード」の新車で乗り付けたのだ。思わず動揺した私は、いままで難なく熟していた実技のＳコースで脱輪するわ、坂路発進で後ずさりするわで、散ざんな目にあった。

その夜、開通したばかりの名神高速道路を走って、琵琶湖の夜景を見にいった。ふくれて無言のまま、アクセルを踏む彼の足元ばかり見ていたが、私が怒っていたのは、下手な運転を見られたからではなかった。赤銅色に日焼けした、みっともない顔を見られたくなかった。免許が取れたら美顔術に通うつもりだったのだ。

「そんなとこ、全然見てないよ。もっと大事なとこを見ている」

夜の帳《とばり》に包まれて少なからずほっとした私は、彼が締めていた西陣織のネクタイをもらって機嫌を直した。いい匂いがした。

赤ら顔の代償に、運転免許が交付された。彼からお祝いにネックレスをもらい、大文字山に誘われたが、そのころはまだ日焼けが落ちていないだろうと思ったので、

「一か月ほど会いたくありません」

と言った。驚いた彼は、

「もう僕のことが嫌いになったの?」

と、うろたえた。

不承ぶしょう登った大文字山からは、京都の街が一望出来た。

「京都の街に掛けて誓う。もう逃げ出すなどと言わないね?」

このひどい顔をどうにかしたかった私は返事に窮した。すると彼は青くなり、俯《うつむ》いていた目からは微《かす》かに涙さえ滲《にじ》んできた。

「最初の見合いのときから、一緒に大文字山に来たかった。そしてふたりの愛を京に誓いたかった……」

私は彼の顔を覗《のぞ》き込んで平謝《ひらあやま》りした。

「分かってくれたらそれで嬉しい……」

と言った彼の唇が、私のそれに重なった。あのネクタイのいい匂いが私を優しく包んだ。

九月も末になり、結婚式が迫ってきた。

「ふたりで新婚旅行の荷物の準備をしたいから、家に来てくれませんか?」

と言われた。まだ顔に自信のない私は支度《したく》に手間取り、一時間も遅れてバス停に降り立った。道路の向こう側では彼が手をふっていた。

「二時間でも三時間でも待ってあげるよ」

肝心の旅行の荷物は義母が万端整えていた。彼が私に相談しても横合いから、それは何なにだとか、何なにのほうがよいからと、全て彼女が決めてしまうので、私は早そうにいとまを告げた。子離れがまだ出来ていないとはこのことだ。ある程度覚悟はしていたが、予想以上のものが待ち受けていそうだと、このとき初めて直感した。

別れ際《ぎわ》の私の態度に異常なものを感じたからと、翌日、彼が私を訪ねてきた。

「あのままで結婚式を迎えられると思いますか?」

私には、結婚そのものを考え直すつもりはなかった。彼は優しい。品格もある。あれだけ頻繁に会いにきて、手紙もまめにくれた。彼とふたりでいると、旧家のあれこれだって我慢出来る気になってくる。

しかし、彼は完全に母親に支配されている。

「京都から栃木県に来てくれる適当な女性がいないことが障害になっています」

と言っていたが、この母親の存在こそが、三十歳まで結婚出来なかったほんとうの理由かもしれない。「本人同士で決めてよい」とは、ずいぶん開けた両親だと思っていたが、そんなはずはあるわけなかった。私たちが会っている間、ずっとあとを付けられていたことを結婚してから知った。

彼との楽しかった思い出を封印するときが来たのだ。ほんの短い間ではあったが、この思い出さえあれば、これから降りかかるであろう諸もろの困難も乗り越えていける。このときは、まだそう固く信じていた。

旧家に嫁いだ私には当然、数多《あまた》の試練が待ち受けていた。三男に嫁いで気楽に暮らしてきた母は、苦労が見えていると反対したが、私は敢えて長男に嫁いだ。母の兄嫁も、私の祖母から旧家の習いを厳しく叩き込まれて、何でも仕切れる凛《りん》とした女性になった。英語は出来ても家の切り盛りは不得手な母が何とも不甲斐なく見えて、私も本家の伯母のようになりたいと思った。家族とも友人とも別れて、風土も風習も異なる栃木県での孤軍奮闘の毎日が始まった。

栃木県の新居には案じた通り、京都から義母も引っ越してきた。

「わがままな母親の性格は今更直らないから、そこはうまく躱《かわ》してほしい」

と、夫に言われたものの、不器用な私は正面《まとも》に受けてひどく傷ついた。どんなに厳しくても、筋の通ったことは努めて見習う覚悟だった。しかし、私には黒いものは飽くまでも黒く、お世辞にも白いとは言えなかった。いつの場合でも、義父と夫は義母には逆らわなかった。波風を立てたくなかったのだろう。何とかしたい私ひとりがふてぶてしいと言われ、爪弾きされ、長男の嫁としての立場は日に日に悪くなった。

大体から、夫は結婚するべきではなかった。母親から溺愛され、「私の喬ちゃん」「私の喬ちゃん」と付き纏われ、

「喬ちゃんは私の子やでな、喬ちゃんのことは何でも私がようよう知ってる」

「喬ちゃん、おまはん、そんなことまでやらされてんのか！　お茶を淹《い》れてやるでこっちゃへおいな」

と四六時中、目を掛けられている。

そもそも、義父と義母の仲が疎遠だった。仕事の関係で義父は栃木県、義母は京都での長い別居生活が続いていた。そこで、義母は長男を夫であるかのように慕い、長男も母親に応《こた》えることが親孝行だと思っていた。そのべったりの関係は、結婚後もずっと続いた。如才なく立ち回れない私に対する夫の態度は頓《とみ》に冷たくなり、実家にもおめおめとは帰れず、こんな心組み

ではなかったのに、と私は後悔の念に駆られた。

そうだ、実家にはもう帰れないのだ……。われに返ると、車内は私だけだった。みんな、家に帰ればそれぞれに温かい団欒《だんらん》がある。わが家の三人の子どもたちは、いまごろどうしているだろう。私がいないので大騒ぎになっているだろうか。それとも、何事も起きていないかのように、義父母や夫にうまく宥《なだ》め賺《すか》されているのだろうか。

「おばあちゃんはどうしてお母さんをいじめるの？」

と、小二の娘が訊いたとき、逆上した義母は私に向かって、

「この子を京都の親戚に預ける！　このままあんたに育てさせると、私に歯向かう子になってしまうさかいに」

と、独擅場で啖呵を切った。

列車は上野駅のフォームに滑り込んだ。あちこちにホームレスが屯《たむろ》している。行く当てでもあるかのようにさっさと歩いた。自分の足音がコツコツと夜の静寂《しじま》に響いて不気味だった。折から下りの東北本線終列車の発車のベルが鳴った。私は踵《きびす》を返して飛び乗った。

この出奔の廉《かど》で、義母の私への風当たりがなお一層強くなったのは言うまでもない。

確執の日びが三十数年続いた。九十六歳になった義母は、大腿骨骨折から車椅子の人となった。相変わらず言いたい放題、したい放題だったけれど、もはや高飛車に出ることはなくなった。公園の黄葉降り敷く銀杏並木で、彼女の車椅子を押しながら私は、つい先ごろまでは矍鑠《かくしゃく》としていた義母の、いまは小さく丸くなった後ろ姿を哀れに思った。

夫は正しかったのかもしれない。私に荷担していたら、私に対する彼女の言動は、夫をも巻き込んでさらに辛辣《しんらつ》になっていたに違いない。

ほどなく、義母は誤嚥性肺炎で入院した。気ままな彼女はここが痛い、あれが食べたい、と子どものように甘えた。

「家に帰りたいよってに、あんたから先生にあんじょう頼んでえな」

と、のべつ幕なく駄だをこねた。抜き差しならぬ状況が次第に義母にも分かってきた晩秋のある日、

「家のこと、あんたによろしゅう頼むわ」

と言った。そして、

「この指輪、あんたにあげる」

と、最後まで大切に嵌《は》めていたエメラルドの指輪を、手ずから私の指に嵌めてくれた。

私はためらった、この指輪を見るたびに、荒波に呑まれて浮き沈みしていた義母との因果な日びを、否応なしに思い出すのではないかと。


でも違った。平和で穏やかないまの生活は拍子が抜けて、むしろ退屈ですらある。彼女に悪戦苦闘していたころのほうが、生き生きとして張り合いがあった。義母を立てながら、うまく解決出来たときは嬉しかった。山が一つひとつ崩れていくたびに生き甲斐を感じた。彼女からも多くを学んだ。あのころは、これらのことに気付く余裕がなかった。

きらきら光る指輪を眺めては胸が疼《うず》く。我《が》を張らずに、もう少し義母に寄り添えなかっただろうか、新米の嫁に守るべきものなど何もなかったのに。知らないことも恥ではない若いうちに、もっと色いろ聞いておけばよかった。歳を重ねたいま、本気で私を叱ってくれる人はだれもいない。

ゼロからのスタート

アメリカのアフリカ系女性たちによって、1991年に出版されたエッセイ集『ダブル・ステッチ』の中に「洗たく女」の話がある。

二十世紀初頭のアメリカ社会において、長い間奴隷制度に苦しめられてきたアフリカ系女性たちが「洗たく女」として働くことは、独立して収入を得ると同時に家庭の主婦の座を守れる格好の手段であった。

初めは、洗たくものを各自が引き受け、それぞれの家で洗っていたが、やがて、一番大きなキッチンを持っている女性の家に仕事を持ち寄り、雑談をしながらそこで洗い、アイロンを掛け、畳むようになった。そのうちに、ひとりが全部の仕事を請け負い、働く女性たちを雇用する企業形態が生まれた。世間話の中から教会が建てられ、工場、学校、銀行、デパート、レクリエーション・センターが出来、相互扶助社会が実現していった。

彼女たちは共同体とその施設の開発者、創設者、指導者となった。長い間、隷属的な生きかたを強いられてきた女性たちが、見事にアフリカ系アメリカ人社会の育成、維持、発展に寄与した。女性の有給雇用、慈善団体の発展は、洗たく桶の中の石鹸の泡から生まれた。

実は平成元（１９８９）年、残念ながら諸般の事情により、二百五十余年続いたわが家の酒造業に終止符を打った。

初代は、滋賀県日野町から関東へ日野椀、合わせ薬、煙管《きせる》、蚊帳《かや》などの持ち下り商いをする、いわゆる日野商人であった。徒歩で片道一か月を要したという。そのうちに、栃木県南に店を構えて質商を営む傍《かたわ》ら、某酒蔵から酒造株と諸道具を譲り受けて自ら酒造業を本格化し、周辺に店舗数を拡大していった。

北風の強い冬場の火災時には白米、味噌、金品を放出し、天保の大飢饉にも米を配って社会貢献をした。また肥料、醤油醸造も開始し、多角経営を図った。滋賀県庁建設、村の小学校新築、里道改修工事にも出資し、窮民の救済に当たった。栃木県では郵便局や銀行の設立にも関与した。「洗たく女」の話と似ている。

酒造を止めた折しも、家業を継ぐ者と嘱望され、大学は止むなく農芸化学科に入学した長男は、当然出端《でばな》を挫かれた。彼はほんとうは薬学部に行きたかったのに、家族の期待に応えるべく、多少は潰しも利く応用微生物学（バイオテクノロジー）を専攻していた。

しかし、自分の将来を自由に選べる身となってみると、浪人してでも初志を貫徹したい気持ちが逸《はや》る一方で、時代の花形でもあるバイオを蹴ってまで、来年受かる保証もない再試のために浪人を決める覚悟も削《そ》がれ、彼の心は大いに揺れていた。

私たちも、彼の心を誑《たぶら》かしてしまった、また彼の一生を弄《もてあそ》んでしまった責任を感じて、打ち拉《ひし》がれる思いだった。

結局、彼はそのまま大学に留まり、その後、某会社に就職した。酒蔵の跡地には取り敢えず、大型小売店舗を建ててホーム・センターを誘致した。

息子や孫のだれでもよい、二十一世紀のこの複雑な社会の中で、またゼロから出発して裸一貫、人間にしか出来ない、人間だからこそ出来る何か新しい事業に向かって、思い切り羽ばたいてほしいと願う。

人工知能が人間を凌駕する勢いで台頭してきた。リニア・モーターカーがびゅんびゅん走り、電気自動車が高速道路を自動で走行し、人に代わってロボットが様ざまな仕事を熟す、そんな時代に必要なのはどんな人材なのだろうか。人類が開発した人工知能に、人類が滅ぼされるようなことが決してあってはならない。

　幸い、まだ土地がある。山も残っている。いまや何のしがらみもないゼロからのスタート、旧習に囚われず、新しい時代に相応《ふさわ》しい新しい事業を、若い力で再興していってほしい。

冬の贈り物

子どものころ、伏見の造り酒屋に嫁いだ伯母から毎冬、木箱いっぱいの酒粕が届いた。釘抜きで蓋《ふた》を開けると、よい香りが部屋中に漂った。雪の降る寒い日に学校から帰ったときは、母が火鉢の炭火で焼いた酒粕を、ふたつ折りにして三温糖を挟んでくれた。ぷんと鼻を衝くような匂いがして、幼心にも温かくて幸せなおやつだった。

縁あって、私も関東の造り酒屋に嫁いだ。搾りたての酒粕が存分に食べられると期待していたのに、酒屋は酒粕なんぞを食べてはならぬ、と義父から厳しく諭《さと》された。いまでこそ酒粕は重宝されているが、半世紀前は漬物屋にも断られる窮状で、大量の廃棄物のやり場に往生していた折しも、そのようなものを食べるとは、酒屋の恥だと言われた。

冬になると、芳醇な吟醸香が漲《みなぎ》る蔵内で杜氏《とじ》たちが、木綿の酒袋に入った醪《もろみ》を槽《おけ》の中で圧搾したあとに板粕が残る。それを目の当たりにしながら私は、昔のように素朴なおやつを気楽に味わえない造り酒屋の格式を窮屈に感じていた。

一方で、酒蔵の中に立つと、日本の伝統産業に誇りを感じて身の引き締まる思いがする。この歴史ある酒造りを代々伝えていく使命感さえ覚える。とはいえ、いずれ私たちの代になったらあのおやつを、と邪《よこしま》な希望を胸に静かにときを待った。

いよいよ待望の機が訪れたそのとき、状況は一変した。諸般の事情から酒造りを止めることになった。伝統の灯《ひ》は消えた。

それでも歳末には、懇意な酒蔵から酒粕を届けてもらって焼き粕を堪能しているが、あの当時、徒《ただ》の搾り粕として捨てる他なかった酒粕が、近年その栄養価が認められ、アンチエイジング効果等も期待されているなんて、義父が知ったらさぞ腰を抜かしてしまうことだろう。

こんなはずではなかった

私は生まれつき運動神経が鈍く、スポーツはからきし駄目な中で、徒競走だけはいつも速かった。ただ直向《ひたむ》きに走った。ドッジ・ボールのときも、ボールは一度も持たずに、飛んでくるボールをうまく躱して最後まで逃げ回った。

生来の引っ込み思案から、スポーツで鍛えられた強い精神力に憧れていた私は、わが子たちにはおおらかに育ってほしいと、幼稚園のときから夏は水泳、冬はスキーの教室に通わせた。

三人ともそれぞれに上達したが、長女はこれらのスポーツに取り分け向いていたようだ。

二歳のとき、常磐ハワイアン・センター（スパ・リゾート・ハワイアンズ）で、初めて水着を着て温水プールに入るとき、

「ママ、このお洋服、濡れちゃってもいいの？」

と言っていた彼女が、小学校に入ってからめきめき頭角を現わし、毎年、市民水泳大会、県水泳大会ともに優勝した。娘がお世話になっているからと、泳げない私も水泳部員の保護者として激励会、反省会の裏方を引き受けるほどだった。

実を言うと、私自身、全くの金槌ではない。顔を水に浸けるのが嫌で、「水を掛けないで！」「水を掛けないで！」と言いながら、背泳だけは辛うじて泳げるようになった。

のちに、中二の孫息子を連れて夫婦でバンクーバーの息子を訪ねたとき、北部の入江で息子たちと二艘に分かれてカヤックをすることになった。漕ぎ手は息子と中二の孫。息子のカヌーには彼自身の小さな子どもも乗っている。

「言っとくけど、もしものときは、俺は自分の子どもを助けるからね」

と、息子が言った。

すると中二の孫が、

「おじいちゃんとおばあちゃんは、どっちがよく泳げるの？」

夫は蛙泳ぎ、私は背泳ぎ、と答えた。

「じゃあ、おばあちゃんが僕のほうに乗って」

豪《えら》い、と私は感動した。この孫は本気で私を助ける気になっている。それにしても、背泳ぎでは身を護れないのだ……。

長女はスキーにも興味を示したので、私は毎冬、市民スキー学校の申し込みに早朝から並んだ。中学校に入って彼女が二級の検定に合格したころ、家族で猪苗代スキー場に行った。麓の小屋で甘酒を啜っていると、

「お母さんもリフトで上に上がってみれば？　下りるときは私の板の後ろに乗ればいいから」

と娘に誘われ、何のためらいもなくあっさり上がった。下りは彼女のスキー板の後ろに乗って腰に掴まったが、前が全く見えない。元もとプルークボーゲンしか出来ない私は、右に左にカーブする娘のパラレル・ターンに見事に振り落とされた。結局、雪の上をザック、ザックと膝まで埋まりながら、這《ほ》うほうの体《てい》で下山した。

十余年後、彼女の結婚披露宴でスキーのビデオテープが流れた。白銀の上を新郎とのデュエットで、美しいシュプールを描く花嫁という、とてつもなく派手な演出ではあったが、私の期待以上の水準に達した娘の運動神経に、親ならではの誇らしさで胸がはちきれんばかりだった。

後日、結婚の挨拶にくると言うので楽しみに待っていた。すると、フル・フェース・ヘルメットとライディング・ウェアの、一見どこのだれだか全く分からないふたり連れが、妙に先の尖がっ

たバイクの爆音とともにわが家の前に現われた。二台のオフ・ロード・バイクから下り、満面の笑みを浮かべたのは娘とその夫であった。

厳しい服装チェック

身辺整理をしていた手がふと止まった。二男に、「もう捨てれば?」と言われながら、後生大事に残してきたダーク・グレーのブレザーを前にしたときだった。

「さて、どうするか……」

いろんな服を着て毎日同じ会場へ行くよりも、同じ服を着てでも毎日いろんな場所へ行きたい。高価なものでも不要なら捨てるし、安価なものでも大切なものは残しておきたい。すでに家そのものを処分したので、私の箪笥《たんす》は小さくなっている。

十数年前に『フランス人は10着しか服を持たない』(ジェニファー・L・スコット著、大和書房)という本に感銘を受けて以来、暮らしにミニマリズムを取り入れてきた。

二男が高校に入学してからである、私の服装に対して彼からの厳しいチェックが入るようになったのは。とくに参観日の前日は大変だった。

「お母さん、あしたはどの服を着てくるの?」

「あっ、そう。それでスリッパはどれ？」

自分の授業参観なのだから、もっと心配することがあるだろうに、小うるさいことこの上ない。大学へ行ってからも学校の勉強は二の次で、卒業後は、日本の規律正しい社会は性に合わないからと、さっさとカナダに渡っていった。

夫が酒造業を廃したときから、私は教職に就いていた。そして還暦でその職を辞したのを機に、カナダへ二男の様子を見にいったが、彼の英語力の前では、私はひと言もしゃべれなかった。

「英語なんか、お母さんなら直ぐに慣れるよ。それよりも、その服装が問題だよ」

長年のお仕着せで、私はブレザーにスラックスという、四角張った出で立ちだった。なるほど、バンクーバーのダウンタウンでは、シニアは赤や黄や緑の原色を身に纏い、持てる限りのネックレスや指輪を幾重にも装着している。

ここでまた例のチェックが入ったかと思いながらも、ブラウス、スカーフ、ハンドバッグ、靴などを買ってもらって悪い気はしなかった。買うときも、

「それよりも、こっちのほうがお母さんには似合うよ」

「そのバッグは持ち難そうだから、これにすれば？」

「ちょっと歩いてみて！　そのヒール、高過ぎない？」

当地では行く先ざきで、彼の会社関係の人や孫の幼稚園の先生等に紹介される。母親にはやはりきれいにしていてほしいのだろう。

彼がまだ幼稚園児のころ、夜中に突然起きてきて、ワアワア泣き出したことがあった。

「お父さんが死んで、お母さんが死んで、お兄ちゃんが死んで、お姉ちゃんも死んじゃったら、まだ小さい僕ひとりでは生きていけないよーっ」

と、ありそうもない未来に怯《おび》えて泣きじゃくっていたあの二男に、いま私がファッション・チェックを受けている。野暮ったい格好をしていて、彼の沽券に関わっては申し訳ない。

バックパックひとつで太平洋を渡り、会社を持ち、家を持ち、家族を持った彼の自由闊達な生き方を考えると、悔しいけれど、ここは素直に彼に従おうという気にもなる。ちょっぴりイメージ・チェンジして帰国したのだった。

そんな昔のことをあれこれ思い出していたら、服装への迷いも吹っ切れて、整理する手がまた動き出した。

手にしたブレザーはやはり捨てられない。これを捨てることは、いままでの私の人生を否定することになる。何と言われようと、これだけは譲れない。年季の入ったブレザーを、洋服箪笥の奥にしっかりと収めた。

親ごころ子ごころ

平成二十六（２０１４）年の夏、カナダに住んでいる二男一家が二年ぶりに帰国した。今回は私たちのほうから訪ねる番だったが、夫の体調が思わしくないので、向こうから来てくれることになった。日本の夏は暑いので敬遠していたようだが、連れ合いの里帰りも兼ねて、孫たちを見せに帰ってくれた。

折から、私たち夫婦が金婚式を迎えたので、長男一家、長女一家にも声を掛けて那須高原に招集し、一泊二日でみんなに祝ってもらうことにした。

ホテルでは、十七歳から三歳までの孫たち七人がワイワイはしゃぎながら、年長者の音頭取りで楽しそうに遊んでいた。食事どきも彼らだけでひとつのテーブルを囲み、年上の子が年下の面倒をよく看ていた。

そこで私は、予《かね》てよりの懸案について食後、子どもたちの意向を確認することが出来た。全員が集まれるのはもうこれが最後かもしれないという思いから、予《あらかじ》め用意してきた「人生の引き継ぎ帳」を取り出し、おもむろに口を開いた。

三人の子どもとその伴侶は、ビールや茶菓を前にくつろいでいたが、突然の異様な雰囲気に居住まいを正した。彼らは私たち夫婦とは別に、それぞれ横浜、南埼玉、バンクーバーに住んでいる。やがて来る「そのとき」のことについて、子どもたちにはまだ何も話していなかった。

私はずばり、話の核心を衝いた。私たちは、がらんとした屋敷を処分して、いずれは高齢者専用賃貸住宅に入居するべく、現在は宇都宮のアパートに仮住まいをしている。今後、「私たちが彼らに望むこと」を話すのではなく、「彼らが私たちに望むこと」を尋ねた。

「住みたいところへ行って、のんびり過ごしてくれていいよ」

と、長男が言った。

「私も子育ては終わっているから、必要ならどこへでも訪ねていくよ」と長女。

「元気なうちに、バンクーバーでロング・ステイすれば？」

要するに、貯《たくわ》えたものは私たちで使って、あとには何も遺《のこ》してくれなくてもよい、ということだった。親の面倒を看て半端な遺産をもらうよりも、何ももらわなくても自由でいられる身を選んだのだ。

本音を言えば、少しは期待していた、「うちに来たら？」と言ってくれる子がひとりくらいはいてくれるのではないかと。だが、これが現実なのだ。私自身、義父母と同居で、自分の人生の大半を犠牲にしてきた経緯がある。だからこそ、子どもたちには苦労を掛けないようにと、潔く高専賃に入居を決めてはいるものの、こうもはっきり突き放されてしまうと、やはり寂しい。

それから終末期の医療、葬儀のこと、重要書類の保管場所などを伝えて散会した。那須高原の風は爽やかだった。何度も来ているのに、今回はとくに身に沁みた。

これからの人生は子どもたちに頼らず、自力で生き切らねばならない。前から分かっていたことを再認識出来たことで、却って清々したとさえ思っていた矢先のこと。

二男一家がカナダへ発つ三日前になって、向こうのハウス・シッターから、「老衰していた愛猫のアニーが息を引き取った」とのメールが届いた。長年一緒に暮らしてきたペットを手厚く葬りたいからと、変更出来る一番早い便で急遽、彼らは帰っていった。

先日来冷めていた私の心に、一条の希望の光が射した気がした。那須へ用意していった「人生の引き継ぎ帳」には、

「私の葬儀のためにわざわざ帰国してくれなくても、帰ってきた折に墓参してくれればそれでよい」

と記していたが、愛猫を埋葬するために急いで帰途に就いた息子のことだから、ひょっとしたら、私の葬儀にもとんで帰ってきてくれるかもしれない。

あのときの子どもたちの、私たちを見捨てたような発言は、「快適な老後を」という、むしろ温かい思いやりだったのかもしれない。

五十年の間には実に色いろあったけれど、あらためて十五人の集合写真を見ると感無量になる。

これでよかった

予てより行きたかった北海道のガーデン街道への格好のツアーが見つかった。行きは大洗から苫小牧まで海路で、帰りは帯広から羽田まで空路で、という面白いコースなので早速申し込んだ。

豪華客船とまではいかないが、フェリー「さんふらわあ」でも船旅の醍醐味は味わえそうだ。出港の際に打ち鳴らされる銅鑼《どら》の写真は、ぜひ一番前で撮りたい。投げテープも用意しよう。夕方に乗船して早朝に下船するころには、太平洋から昇る朝日が拝めるはずだ。レストランも楽しみだし、展望浴場なんて想像するだけでもわくわくする。

ところが、出発の一週間前になって、ツアー催行中止の連絡が入った。予定通りの集客が出来なかったという。飛行機でならひとっ飛びのところを、わざわざひと晩掛けて船で行くこともないのだろうけれど、私には乗船も今回のツアーの大きな魅力だったので、大いに失望した。

今年は三年に一度開催されるガーデン・ショーの当たり年なので、このショーだけは絶対に見逃したくない。致しかたなく、往復とも飛行機でのツアーに変更した。そして、ベスト・シーズンに大雪森のガーデン等、八つの庭園を堪能出来たことで、一応所期の目的は達成した。

帰宅して数日後、苫小牧沖合で「さんふらわあ火災」のニュースが流れた。船底の車両専用デッキのトラックから出火したらしい。危《あや》うく私たちも乗るはずだったフェリーの火災、偶《たま》たまだったにしろ、いつ、どこで、何が起こるかもしれない。つねに危険とは隣り合わせだと胸を撫《な》で下ろした。

しばらくして、所用でやはり「さんふらわあ」に車を載せて北海道へ行ってきた長男から電話があった。海が大荒れして、浴槽のお湯を頭から被ったり、一晩中揺られっ放しで一睡も出来なかったそうだ。快適な船旅に憧れて、残念がっていた私を慰めてくれたのだろうけれど、フェリーでは豪華客船のようなクルーズは期待出来ないことを知って納得した。

負け惜しみではなく、命を賭してまで海に乗り出して冒険をする歳でもなくなった。リビングでコーヒーでも飲みながら、メンデルスゾーンの序曲『静かな海と楽しい航海』を聴いて、水夫たちの、凪で船が進まない不安と順風の中をすいすい進む喜びに、思いを馳せているのが無難かもしれない。

いまも変わらないもの

この調子で人工知能が発達し続けると2030年には、現在の職種の半数がなくなるらしい。「わたしはケーキ屋さんになりたい」「ぼくはパイロット！」と、将来に夢を描いている孫たちがおとなになったとき、世の中はどうなっているのだろうか。そのとき、どんな人間に育っていてくれればいいのだろうか。

遊びにきた孫たちが、スマホでゲームをしていた。私の家に、今風の気の利いたおもちゃ等あるはずがない。昔の古いLPレコードの中から、プロコフィエフ作曲の子どものための音楽物語『ピーターと狼』を掛けてみた。指揮はカラヤン、ナレーターは坂本九。

ゲームで遊んでいた彼らの手が止まった。立ち上がって私のほうへ寄ってきた。しめた！　私はボリュームを上げた。

絵本はなく、専《もっぱ》ら音楽とナレーションを聴くだけ。弦楽合奏、フルート、オーボエ、クラリネット、ファゴット、フレンチ・ホルンの音色を聴き分けて、合間に入るナレーションを頼りに物語の情景を頭に描いていく。やがてフルートが鳴ると「これは小鳥が歌ってるとこでしょう？」、ホルンが響くと「あっ、狼が来た！」と興味を示すようになった。

私が子どものころはまだテレビがなく、ＮＨＫのラジオ放送で「笛吹童子」を聴くのが楽しみだった。缶蹴りをして遊んでいる夕暮れどきに、テーマ曲の笛の音が聞こえてくると、急いで家の中に駆け込んでラジオの前に釘付けになった。

映像の時代に育ったいまの子どもたちに、音声だけで想像するのは難しいかなと思っていたが、ピーターが小鳥や家鴨《あひる》、猫、猟師と協力して獰猛《どうもう》な狼を捕えて動物園に連れていく話を、彼らは最後まで神妙に聴いていた。

それでも「もう一度掛けて！」とは言わなかったので、やっぱりＬＰレコードでは面白くないか……と片付け掛けたとき、

「それ、借りて帰ってもいい？」と、小学一年生の孫娘が遠慮勝ちに言った。

このひと言に私は胸を打たれた。想像力を働かせば、音声だけでも頭の中に感動的な世界が広がる。機械ひとつで何でも出来てしまう時代に、人間特有の天賦の情操を、彼らも持っていてくれたのが嬉しかった。

人工知能が人間の能力を超えてしまうかもしれない未来に、私たちが本来持っている柔軟な

思考力と豊かな感性をしっかりと身につけた、鷹揚《おうよう》なおとなに育ってほしいと切に願う。彼らに昔の遊びを体験させて、そこから少しでも生きるヒントを学ばせることが出来たら、それこそ年寄り冥利《みょうり》に尽きる。

その一方で、スマホこそ持っていないが、スーパーでは若い人と並んでセルフ・レジを使っているし、ときにはキャッシュレス決済も利用している。世の中は猛スピードで進化しているゆえ、私自身、時代の流れに置いていかれまいと必死に努力している。

日はまた昇る

夕日が海に反射して、ピンク色の波がきらきら光った。

江ノ電で稲村ヶ崎まで行き、小高い公園から江ノ島方面に沈む美しい夕日を眺めたとき、真夏の海の広がり、大きな波のうねり、砂浜の黒い砂、七里ヶ浜を寄り添って歩く人のシルエット、遠くに見える江ノ島の灯台など、このロマンチックな夕景を、いつもにも増して寂しいと感じた。日没は切ない。今夏の家族会を象徴している気がした

平成二十八（２０１６）年は、鎌倉由比ヶ浜の保養所に十五人全員が集まって過ごしたが、大学生の孫息子が学祭のために夕飯前に抜け、小二の孫娘もバレエのリハーサルがあるからと、朝食後に母親と帰っていって、みんなが散りぢりになってしまった。たとえわずかの時間でも一緒に集まれたのはよかったが、恒例の親睦会も今回で最後かもしれない予感がした。息子たちよりも孫たちのほうが何かと忙しくなってきた。

私自身の姉弟《きょうだい》会、従兄弟《いとこ》会が実現出来なかっただけに、彼らにはこれからも続けていってくれることを願っていたのだが……。

一か月後、私の誕生日に娘がプレゼントを持って訪ねてきてくれた。無線ＬＡＮとタブレットを兄弟三人で相談して用意したという。私たち老夫婦と小さい孫らを除く九人が、すでにＬＩＮＥで連絡し合っている。私もさっそく「よしむらさんち」のグループに加えてもらった。

「初めまして。七十六歳からのデビューです」

「えっ、おばあちゃんもＬＩＮＥを始めたの？　がんばって」と孫息子。

「いらっしゃいませ。お待ちしておりました」と長男の嫁。

「ウィスラーで遊んでまーす」

カナダの二男から湖で釣りをしている写真が送られてくると、長女の婿《むこ》は、

「目っ茶ええやん！　こっちは朝から蒸し暑いわ」

それぞれの他愛のない書き込みが画面上を飛び交い、居ながらにしてまるで家庭の団欒のように話し合いが出来る。離ればなれになった私たちはまた繋がった。こんなふうに形を変えて交流が続けられるとは。

孫娘は夏休みの工作で奮闘中。高二の孫息子は南埼玉から自転車で佐野アウトレットまで来た。日光駅から東武電車に乗った小六の孫息子が、トイレに行きたくて途中下車した北鹿沼は

無人駅でトイレもなし……。

「よしむらさんち」の茶の間は連日大賑わいである。これは、離れて住んでいる私たち夫婦への安否確認にもなっているらしい。

郵便配達員が心の籠もった手書きの封筒を届けてくれるのも、家族が一堂に会してみんなの笑顔に囲まれるのも、時間的、距離的に難しい時代になってきた。私のアナログ頭をデジタルに切り替えて、前向きに時流に乗っていくとしよう。

稲村ヶ崎に沈んだ夕日が、大洗海岸から朝日となってまた昇ってくる。萎《しぼ》み掛けていた心に新たな希望が湧いてきた。やっぱり私は夕日よりも朝日が好きだ。この広い海に真っ赤な太陽が昇るあの勢いが好きだ。

「おはようございます。私はきょうも元気です」

二男一家を迎える心

カナダの二男一家には、こちらから行くか向こうから来るかして、毎夏出会っている。今年は彼らが訪ねてくる番なので、そろそろ連絡があるころかと心待ちにしていた。

その頃合いに電話が掛かってきて、

「コンピューターをつけて」と言われた。

えっ、このタイミングで？　スカイプでビデオ通話をすると、いまの白髪がばれてしまう。

「なに、その髪の毛！　風邪でも引いてるの？」

案の定、やっぱり駄目か……。

実は、染めるのはもう止めようと思っていた。髪が細く薄くなってきたので、よい潮どきかと。しかし孫や嫁の手前、身だしなみを整えておくことも歓迎のひとつの意思表示にはなる。

コンピューターを切ると、ベランダから初夏の爽やかな風が吹き込んできて、レースのカーテンが揺れた。いつも風になびいているその端や裾は裂けているが、普段は結わえておしゃれなドレープを楽しんでいる。カーテン越しに見えるヘブンリー・ブルー（西洋朝顔）の葉の緑が映えてとても美しい。

レースのカーテンが買えないわけではないが、いまは買いたくない。このアパートは、いずれ終《つい》の住処《すみか》に引っ越すまでの仮の住まいだから、新調はそれまでお預けにしている。

ところが、彼らが逗留するとなると話は別だ。あの息子のことだから、きっと見兼ねて高価なカーテンを買ってくれるに違いない。ここは、ひとつ奮発するか……。

楽しかるべき彼らの帰国が、段だん気重になってきた。

キッチンで夫との倹《つま》しい夕餉の支度をしながら、はっとした。まるで「ままごと遊び」のような狭い調理台に小さなお鍋、これでは六人分の食事はとても賄えない。

二年前はうまく切り抜けたが、今年は孫たちも四年生と二年生。私たち夫婦には充分な広さのこのアパートで、気ままにシンプル・ライフをエンジョイしているというのに今更、家財を増やすのは嫌だ。

寝るのは転寝《ごろね》でよいとしても、食事はスーパーの出来合いばっかりというわけにもいくまい。手持ちの大きな蒸し器と土鍋と寿司桶を使い熟して、何とかこの急場を凌《しの》ごう。たまに訪れるだけの二男一家に、そう何もかも譲歩するつもりはない。否、してなるものか。

あとは、そうだ、この錆び付いた英語をどうにかしなければ！　でも、どんなに努力したところで、英語を母国語としている孫たちに太刀打ち出来る道理がない。私たちがカナダへ行ったときは、片言の英語でも曲がりなりに対処出来ているのだから、彼らにも日本に来たときは、日本語になじんでもらうのがよい。

さて、「お帰りなさい」では向こうで生まれ育った孫たちには、ぴんとこないだろうし、「こんにちは」でも他人行儀で可笑《おか》しい。

「いらっしゃい、よく訪ねてくれたね」

よし、挨拶はこれでいこう。

とまあ、こんな具合にあらかたの受け入れ態勢が出来たところへ、いよいよ彼らがやってきた。髪の毛は栗色に染めたし、洋服も息子の好みに合わせて端正にキメている。これで少しは若いおばあちゃんに見えるかな。

車から降りて大喜びで駆けてきた孫たちが、迎えに出た私たちに大きな声で元気よく挨拶してくれた。

「ババアーッ、ジジイーッ」

私たちはたじろいだ。息子はもっと驚いた。日本に来て「バアバー」「ジイジー」という粋な呼びかたを耳にした息子が、にわか仕込みで教えたものだから、彼らは「ア」の位置を間違えてしまった。

日本語に不慣れな孫たちには何の罪もない。「婆あ」「爺い」の持つ罵《ののし》りのニュアンスなど分かるはずもないのだから、ずいぶんと紛らわしい「床屋」(barber) みたいな呼びかたを教えた息子のほうが悪い。

私はにこにこしてハグをしながら、予め考えておいた通りに、

「いらっしゃい、遠い所へようこそ」

と言って、真新しいカーテンが翻《ひるがえ》るわが「うさぎ小屋」へと優しく招じ入れた。

さあ、これから馬力を掛けて、大きな蒸し器で六人分の素麺を茹でて、寿司桶の中の氷水に放そう。

罰当たりなＭＲＩ検査

このところ首が凝って、ときに目まいもする。下を向いて長時間タブレットを見続けたからだろうか。とにかく、頭部のＭＲＩ検査を受けることになった。

検査着に着替えて耳栓をし、ＭＲＩ撮影用ベッドに仰向けに横たわると、ベッドが半円筒状の穴にスライドしていった。棺の中に寝て斎場の焼却炉に入っていく感じがして、もうこの世の終わりかと思った。

やがて、ガーガーガー、ビービービー、トントントンという磁力信号が、まるで工事現場の掘削音、金属製の摩擦音、ネジを締める音などに聞こえて、私自身が切り刻まれているようだった。電気椅子に縛られている恐怖感を覚えるほどに、先日の一件が私を強く責め苛《さいな》む。

東京の友人が大磯のマンションに引っ越し、そのお披露目にグループの三人が招かれた。ＪＲ大磯駅の目の前に白亜の大磯迎賓館があり、迎えにきてくれた彼女と四人でここでランチを食べた。大正時代に貿易商の別荘として建てられたこの館は、国内最古のツー・バイ・フォー建築で、国の登録有形文化財に指定されている。

この段階で、田舎者の私はすでに舞い上がっていた。彼女のマンションの直ぐ前には湘南の海が広がり、後ろには遠く富士山が控えている。私の終の住処はもうこのリゾートに決めたとばかりに、胸を躍らせて帰ってきた。

しかし、夫は冷静だった。享保年代から代々、栃木県で酒造業を営んできた歴史があり、そう簡単にこの地を去る気にはなれないと言う。酒蔵《さかぐら》を畳み、屋敷を処分したとき、いずれは温暖の地への移住を考えていたはずだったのにこの期に及んで、と私はがっかりした。

夫だけではなかった。埼玉の娘も、

「私はいまでも前の家の鍵を大事に持ってるよ。あそこは私の原点だから」と言った。

「家はなくても、故郷《ふるさと》は私たちの心の中にあるでしょう？」

私は胸を衝かれた。いまは亡き義父母との確執を忘れて、一刻も早く遠くに行きたい私の勇み足なのだろうか。

トントントン、ガーガーガー、ビービービー、なおも工事音は続く。二十分以上もこんな状態が続くとさすがに慣れてきて、宮沢賢治の『セロ弾きのゴーシュ』に出てくる野鼠の子もこんな思いをしたのだろうか、と想像する余裕が出来た。セロの中に入れられた野鼠が、ゴーシュの弾く下手なセロの音に驚き、その病気が吹っ飛んでしまったように、このＭＲＩのトンネルを出たとき、私の首の凝りも治っているだろうか。

検査の結果、脳も頸動脈も年相応で問題なく、眼精疲労かストレスが原因だろうとの診断だった。マンションの件で突っ走り掛けたために、ストレスが溜まったのかもしれない。少なくともこの辛い検査体験をしたことで、あの身勝手はお目溢《めこぼ》し願いたい。

私たち五人組の中で、四人ともすでに高齢者向きマンションへ住み替え、私だけが遅れを取ってしまったが、これも運命、逆らうまい。

第三章　私の生き方

レディングの風

　二十代の終わりころ、三人の子育てをしながら聴いていたラジオ講座「英語会話」のテキストで、偶《たま》たま見た文通相手募集に応募したところ、アメリカから返事が来た。カリフォルニア州在住、三人の子どもがいて、小学校の教師をしている。同封の写真から、テレビで見る「大草原の小さな家」の世界に私自身が入っていく感動を覚えた。

　まるで自分が日本代表にでも選ばれた気分になって、せっせと手紙を出した。彼女は取り分け日本の文化や風習に高い関心を示した。文通に励みながら、いつかは会える日を夢見て、暇を見ては英会話にも時間を割《さ》いた。

　そして平成二（１９９０）年、六月から九月まで滞在したカリフォルニア州サン・マテオの義弟の家から、七月中旬の一週間だけ、ついに州北レディングに住む彼女の家に行けることになった。

文通歴二十数年のオレンダとは写真を交換しただけだ。「私は英語の読み書きは出来るが、聞いたり話したりは苦手」と伝えていた所為《せい》もあり、文面通り受け取った彼女は、筆談する覚悟でペンとメモ帳を携《たずさ》えてきた。少しでも出来れば「出来る」と言う彼女たちアメリカ人には、日本人のつまらぬ謙遜などは無用であった。

距離にして東京から京都くらいはあるだろうか。フリーウェーの両側には、サクラメント川からの運河が流れていて稲が青々と育ち、トウモロコシ、ヒマワリ、アーモンド等の畑が続いて、やがてアルファルファが生い茂る牧草地となる。

レディングからサン・マテオまで迎えにきてくれた彼女の車はホンダのぽんこつだし、途中の鄙《ひな》びた中国風の店で買い物をするわで、気軽に来てしまったものの、私が逗留するのは、彼女に予想外の負担を掛けてしまうのではないか、と急に心配になった。その可能性に全く気付かなかった。段だんと山道を上がっていった車は間もなく山の中のコテージに着いた。落ち着いてよく見ると、ホンダの他にエル・カミーノとキャンピング・カーもある。そうか、彼女は敢えて、日本車で私を歓迎してくれたのだった。

戸惑いながら一歩中に入るなり、私はぽかんと口を開けて立ち尽くした。まるで八ヶ岳かどこかの別荘に来たかのようだ。広い敷地内の榛《はん》の大木にはハンモックとブランコが吊るしてあり、裏庭にはジャクージまであった。近くでキツツキがコツコツと幹を突いたり、そよ風に吹かれてチャイムが鳴ったり。この山にはリス、ラクーン、キツネ、シカ、時どきはコヨーテも出るという。

木の間越しに下の街の灯がちらちら見えるベランダで、夜が更けるまでお互いの来歴を話し合い、それは恰《あたか》も夢のような時空であった。彼女は長年教師をしてきて経済的にも恵まれ、遠くにいる三人の子どもよりも、近くの教師仲間との交流を大切にしながら、ひとりで気楽に暮らしている。

「日本から友人が来る」と予告していたとのことで、その仲間八人も呼んで、私のためにウェルカム・パーティを開いてくれた。

友人たちはそれぞれにサラダやデザートを持参、普段はパン食のオレンダも、わざわざ遠回りしてあの中国風の店で買ってきたお米で、ライス料理を作ってくれた。玄米の上にチキン、ニンジン、ズッキーニを載せて塩味で炊き込んだブラウン・ライス、バターと木の実の入ったリゾット、余った白飯は電子レンジで温め、バター、ドライ・ベリー、レーズンを載せて牛乳を掛けた。どれも西洋の味がして美味しかったが、何よりも、日本から来て四か月も滞米する私への気配りが感じられて心に沁みた。私も茶道のお盆点てを立礼で披露したが、みんな珍重に味わっていた。

見せたいものがあるから、と案内された彼女の寝室で、私はとんでもないものを見てしまった。衣紋《えもん》掛けには、なんと黒の喪服が掛けてあった。日本の業者から高級和服だと言われて買ったそうだ。事情を知って憤慨した彼女に、私の若いころの振袖を贈る約束をすると、やっと機嫌を直した。長年文通をしてきたのに、日本の文化について、彼女に伝えていないことが未だまだたくさんある。

朝は黒イチゴや野ブドウの生《な》るサクラメント川沿いの遊歩道を散歩し、昼間は有名なラッセン火山国立公園やシャスタ山へも案内してもらい、夜は星空を眺めながらジャクージに入った。

至れり尽せりの一週間に感謝しての帰りは、レディングからアムトラックで一日一本のサクラメント行き夜行列車に乗るはずだった。だが、列車が二時間も遅れて到着したため、改札口もプラットフォームもない駅で、夜中の二時から四時まで、彼女はずっと私に寄り添って待っていてくれた。

列車の中では、車掌が何度も私の横を行ったり来たりした。彼女が私のことを「何かあったときは、ゆっくり話せば理解出来るからよろしく」と頼んでおいてくれたことをのちになって知った。

別れ際にお土産にと渡してくれた袋の中には、シャスタ山を象《かたど》ったガラス細工と、ふたりの女性が手を繋いでいるブローチと、別れを惜しむ手紙、それに私が予め送っておいた滞在費がそっくりそのまま入っていた。

文通当初に思い描いていた佇《たたず》まいは、彼女の離婚や子どもたちの独立、近隣の山林火災等ですっかり様変わりしていたが、彼女の温かい為人《ひととなり》に直《じか》に触れたことがとても嬉しかった。そのオレンダはいま、長い闘病生活に入っていて、日本にまだ招待出来ず仕舞いである。

いまでも目を閉じると、アムトラックの「ボッボー」という夜汽車の汽笛が聞こえる。

謝りたい人がいる

平成十二（２０００）年の五月、退職記念にと憧れのバンクーバーを訪れた。長年、英語の教師をしてきたのに、文法に拘《こだわ》ってなかなか思うように話せない。これからの四か月、是が非でもここで実用英語を身に付けたいと思った。

ＹＷＣＡで英語のクラスを取ることにした。テストの結果、上級クラスに入れられてしまった。文法など全く知らなくてもぺらぺら話せるメキシコ、コロンビア、ペルー、イラン、ウクライナ、中国の人たちと一緒だ。青くなって図書館に駆け込み、ＥＳＬ（第二言語としての英語）のテープとテキストを借りた。

このクラスでは英語が話せて当たり前、授業は討論形式で行われ、与えられたテーマに関して国籍の異なった人たちが、それぞれの立場で意見を述べ合う。英語はみんな訛《なま》っているが、考え方がしっかりしていて、外国で暮らしていく気概が充分に感じられた。物見遊山で来ている私とは意気込みが違う。

何とか課題を熟していく中で、クラスの中国人と親しくなった。香港出身の彼女は、英語はすでにぺらぺらなのに、友人がほしくてクラスを取ったと言う。香港の富豪の令嬢、親の仕送りでダウンタウンの一等地のマンションにひとりで気ままに暮らしている。書いても話しても彼女の英語は滅茶苦茶なのに、それが結構通用する。せっかくテープまで借りて正確な英語を志すつもりでいたが、彼女に付き合ってみるのも案外手かもしれないと思うようになった。

一緒にダウンタウンの端から端まで歩いたり、クレープを食べたり、彼女のマンションのグランド・ピアノで連弾したりと、私は機会を見つけては、貪欲に彼女に付き従った。そのうち、公園の立ち入り禁止の花畑にずかずかと入っていって、私に写真を撮ってくれと言った。銜《くわ》え煙草でストリートを闊歩し始めた。マンションに私を呼び付けてアイロン掛けを強いた。高級ブティックで買った衣装の箱を私に持たせた。

友人がほしい、それは体《てい》のいい「小間使いがほしい」だった。私も彼女を利用しようとしたのだから、これは相子《あいこ》だ。

結局、彼女とは距離を置くことにした。それに、彼女の英語は本来私が目指すべき英語ではない。図書館で例のＥＳＬのテキストを真面目《まじめ》に勉強して、さてクラスに行こうとしたある日、出口でセンサーに反応し、厳めしい係員三人に取り囲まれてしまった。

「図書館の本を持っているだろう！　それをこっちに遣《よこ》せ！」

私が鞄から本を取り出すと、いきなりひったくって高々と上に揚げた。

「オー、ノー！」

と言って、私は取り戻そうとした。セットで借りたものを、散《ばら》で持ってきたのが仇となった。借りるときは、セットの箱のバー・コードが読み取られただけだから、いまの私の立場は非常に危ういことになる。必死になって、それはセットの中の一冊であることを、大勢の見物人の前で口早に説明した。返してもらえてほっとしたと同時に、ぺらぺらとしゃべっている自分自身に気が付いた。いつもは考える余裕があるので話せなかったのだ。何よりも、彼女から学んだ度胸が役に立った。

一年後、香港の彼女が私を訪ねて日本に来た。戦場ヶ原のワタスゲの柵の中に入ると言い張るし、辺り構わず煙草を吸うし、夫にビールを持ってこいと顎で使うし、相変わらずの横柄なふる舞いに手を焼いて、何度頼んでも聞いてくれない彼女とは、とうとう喧嘩別れをしてしまった。

思い返せば、あのときの口論では当たり前のように英語を使っていた。メールでの交信も途絶えたので、英語で喧嘩が出来るほどに私に力を付けてくれた彼女に謝りたいと思った。熱《ほとぼり》も冷めたころ、彼女のほうから香港への招待が掛かった。向かっ腹を立てていた夫も、興味本位で付いてきた。そして訪れた香港で、私たちは彼女から盛大な持て成しを受けた。一般的に香港では、富豪はフィリピン人やインドネシア人を使用人として家庭に受け入れている。そんな環境で育った彼女が、私や夫にあのような接し方をしたことは、悔しいけれど、斟酌《しんしゃく》出来なくもなかった。

九龍の夜景は美しかった。それにも増して、彼女と仲直り出来たことが嬉しかった。

年甲斐もなく喧嘩をした、あのときの私はまだ青かった。こんどバンクーバーの息子の家に行ったときは、彼女のマンションも訪ねてみよう。アイロン掛けなら任せてほしい。大きな荷物も持ってあげよう、私のほうが年上だけれど、毎日の買い物で鍛えているから。そして、あの赤い屋根の喫茶店でまたクレープを食べながら、ふたりで英語をいっぱいしゃべりたい。

テキサスは緑だった

平成十五（２００３）年六月、「シニアーズ・アブロード」というホームステイ・プログラムで、テキサスに一週間滞在した。

ホスト・ファミリーのモーガン夫妻は、アラモの砦で有名なサン・アントニオから車で四十分、丘陵地帯に位置する人口二万人の小さな郡都セギーン市に住んでいる。ご主人のウィリアムは、オースチンのテキサス大学を退官して三年、夫人のバーニスも公立幼稚園を辞めて四年になる。今回、この夫妻の下でとても魅力的なシニア・ライフを体験した。

セギーン市は、テキサス州の中でも丘陵寄りの草原に位置し、初夏の野山は緑豊かで、グアダルーペ川がゆったりと流れている。テキサス牛が草を食み、カーディナルがピカーンの大樹で囀《さえず》り、テキサス・セージが咲き溢《こぼ》れる道を、涼しい風を感じながらゆく朝の散歩は、想像を遙かに超えるものだった。テキサスが緑豊かで涼しいなんて、夢想だにしなかった。

ほどよく運動したあとの朝食は裏庭のテラスで。夫妻は退職を機に、ピカーンの大樹が八本もあったオースチンの大邸宅を処分して、郊外の新興住宅地に手頃な新居を構えた。サルスベリの花が真っ赤に咲く裏庭には、アトリやハミング・バードがやってくる。塩味のオートミール、スクランブル・エッグ、生《なま》のブロッコリー等を食す前に、敬虔《けいけん》な祈りを捧げてこの恵まれた朝を神に感謝する。

日曜日の午前中は、教会へ礼拝にいく。一週間のうちで最も端正に装う日だ。礼拝後、夫妻の友人宅に私も招かれた。古きよき時代を彷彿とさせる大農園の豪邸。そこでのガーデン・パーティは、まるで『風と共に去りぬ』の世界にタイム・スリップしたようだった。色とりどりのサマー・ドレスの裾を風になびかせ、テーブルの間を行き交いながら歓談する婦人たちの光景に只ただ見惚れて、食事どころではなかった。日本に住む私のような庶民にとって、それはまさに天上の出来事だった。

教会のほんとうの素晴らしさは、もとよりそのコミュニティ活動にあり、キリスト教の精神に基づく奉仕活動にある。平日の午前中はシニアが活躍する。ウィリアムは、学校で授業の介添えをしたり、高齢者を病院まで自分の車で送迎したり。バーニスも、サルベーション・アーミー

（キリスト教社会福祉事業団）で貧困者に生活費を援助したり、病院の支払いが困難な高齢者に薬代を払い出したりしている。テキサスは、概して宗教心の篤《あつ》い州だそうだ。

私も一度、キルトの奉仕活動に参加した。バーニスの家に古くから伝わる伝統的なアメリカン・キルトの数々を見せてもらっていたので、私にも出来るのか不安だったが、教会では、大きな布を幾重にも重ねてミシンでざっくり縫うだけの簡単な掛け布団を作る。みんなでおしゃべりをしながら裁ったり縫ったりしたあとは、それぞれが持ち寄った料理でのポットラック・パーティが始まる。慈善活動をしながら、女性たちが和《なご》やかに交流しているさまを見て、これなら日本でも出来そうな（ひょっとしてもうすでにやっていそうな）気がした。

パーティのない日は、ボランティア活動を終えてお昼に帰宅すると、ウィリアムがちゃんと食事を用意して待っている。食卓には私がお土産に持参した益子焼の一輪挿しに庭から切ってきた花を活けて。イングリッシュ・マフィン、ブリー・チーズ、チリ・コン・カーン、ラズベリー等、長年共働きをしてきたふたりの間には、早く帰宅したほうが準備するというルールが自《おのずか》ら出来ている。夫妻は、特別な日以外は外食はしない。夫婦そろって家庭で摂るささやかな食事が最高に美味しいと言う。もちろん、食前のお祈りも欠かさない。

食後は三十分ほど午睡をする。真昼は37℃くらいの暑さになる日もあるので、エア・コンの効いた部屋で休養し、その分、夜遅くまで明るいサマー・タイムをフルに活用する。

昼下がりに軽い夕立がある。テキサスではこの雨は貴重だ。屋根の上に雨水を溜めておく装置が施してある家もあり、家屋を涼しく保ったり、生活用水として利用したりしている。郊外には、井戸から水を汲み上げるための風車もまだ残っていて、さながら西部開拓時代に生きているような錯覚すら覚えるほどだった。


涼しくなったところで、午後の活動が始まる。午前中は他人のために奉仕し、午後の時間は自分たちのために使う。夫妻は、六月から七月に掛けての数週間を、アラスカまで車で旅する計画を立てている。プリンス・ルパートからジュノーまではフェリーを利用しても、全走行距離はなんと17,000kmになるそうだ。未だまだ若いシニアだ。その他、ウィリアムはグランド・ピアノで賛美歌を弾いたり、バーニスはクッキーを焼いたりと、それぞれに午後のひとときを優雅に過ごしている。

夕方からは、セギーン・スクエアのミュージック・コンサートに出掛けたり、教会のミーティングがあったり。私の滞在中にちょうどフォーク・ライフ・フェスティバルがサン・アントニオで開催され、五時から十時半まで歌や踊りや料理を満喫した。

テキサスはバーベキュー発祥の地であり、テックス・メックス（メキシコ料理をテキサス風にアレンジしたチリ・ビーンズなど）も美味しい。広大な土地に住み、街や建物も大きく、自動車やステーキまでが、とにかく大きいテキサスの人々の気質は、それだけにおおらかで陽気、多様な人種文化を受け入れてきた歴史的背景があってのことだと頷けた。

この辺りの治安はとてもよく、暑い夏は窓を開けて寝ても平気とか。前庭には塀はなく、隣家とは適当な距離があって見通しが利くため、却って安全なようだ。地域で連携して防犯にも努めている。アメリカと聞くと直ぐに銃を連想してしまう偏見を恥ずかしく思った。昨今の日本のほうがよほど物騒だ。スープの冷めない距離に夫妻の娘さんが住んでいて、お互いに助け合っている。

テキサスはフランス、スペイン、メキシコの支配を経てアメリカ合衆国となった州で、アメリカ史上、重要な州とされている。アラモの砦は、１８３６年のメキシコ軍との戦いで、テキサスの勇士たちが死守した砦だが、元は１７１８年にスペイン人によって建てられた伝道院で、いまでも礼拝堂等が当時のままに保存されている。セギーン、サン・アントニオ、オースチン、ヒューストン等、主な都市名はテキサスの英雄の名前に由来する。

百聞は一見に如かず。行く前は、この暑い夏に敢えて亜熱帯に滞在して、果たして耐えられるだろうかと心配していたが、どうしてどうして、短い期間ではあったが、現地で色いろ見聞して、世界観が大きく変わった一週間であった。

切られてもなお

毎夏、ベランダには朝顔がグリーンのカーテンを張る。今年は、ヘブンリー・ブルーという西洋朝顔を植えてみた。一花柄に五、六輪の色鮮やかな青色の花が咲いて日本種よりも花持ちがよく、夕方まで萎れない。

十月に入って、葉が黄色くなった蔓を切るつもりが誤って、まだ蕾のたくさん付いている緑色の蔓を切り落としてしまった。直ぐに2Lのペット・ボトルの水に挿したものの、このままでは惜しいので机の上に飾ってカメラに収めた。蔓が空中をなびくように伸びていい感じだ。

しばらく眺めていたが、ベランダに出して陽に当てた。細い蔓が風に煽《あお》られて、ボトルの中でくるくる回っている。その蔓を支柱に誘導して紐で結わえた。朝顔の水栽培なんて出来るものだろうか。

昔、和服の帯を太鼓に結ぶのが難儀で、街着用の一重《ひとえ》の名古屋帯を簡易帯（作り帯）にしようと裁ち切ったところが、うっかり寸法を間違えてしまった。もちろん帯にはならず、泣くなくテーブル・センター、ランチョン・マット、コースターに作り変えた。その後、和服類は全部手放したが、簡易帯に成り損なったこの名古屋帯だけが、いまもこうして手元に残っている。

朝顔の水栽培は出来るらしい。春先にペット・ボトルの水に種を入れて液体肥料を施せば、根が出て蔓が伸びてくるという。しかし、いまはもう秋口で、プランターの蔓すら枯れ掛かっている。可哀そうだが、そのまま放っておいた。

三日が経って、徒の水道の水に挿しただけの朝顔の蔓から蕾が大きく膨らんできた。白い蕾の先端が青いストライプ模様に変わっている。急いでタブレットで撮影して、ＬＩＮＥでみんなに送った。

「三日前に誤って切ってしまった朝顔の蔓の蕾が膨らんできましたー」

「咲くといいんだけどね」と、だれもが鼻であしらっている。

そして四日目、ついに見事な青い大輪の花が開いた。

「朝顔の水栽培大成功！」

忙しいだろうときに、何度も送り付けてうるさがられないように、

「きょうは保存画像を送る練習でーす」

と付け加えた。

「へえーっ、ほんとに咲いたんだね！　西洋朝顔ってそんなに強いの？」

みんな呆《あき》れている。健気《けなげ》にもよくぞ咲いてくれた。

この逞《たくま》しい生命力を見ていると、私が招いたこととはいえ、切られてもなお咲こうとする恐ろしいまでの意地というか、根性のようなものが感じられて愛おしくなった。

朝に咲いて夕方には人しれず萎んでしまうプランターの多くの朝顔よりも、切られはしたものの、大事に写真に収められ、みんなにも送られたペット・ボトルの、たった一輪のこの朝顔のほうが、ひょっとしたら幸せだったかもしれない。売られていった何本かの袋帯よりも、いまなお愛用され、テーブルを飾っているこの普段用の名古屋帯のように。

夢の百歳

還暦を迎えたとき、いよいよやりたいことが自由に出来る、という大きな喜びが湧いた。仕事を辞め、義父母を見送り、子どもたちも所帯を持ち、私自身の時間が出来た。幸い健康にも恵まれ、多少の貯えもある。この六十代を「金の時代」と考え、いままで出来なかったことの中でも、体力と気力を最も要する冒険に挑んだ。

海外旅行では、蜃気楼が立つ灼熱の砂漠をバスで移動した。ナイル川流域をカイロからアブ・シンベルまで行く途中、何か所もオアシスがあったのに、一連のバス隊は治安上、前後を護衛車に誘導されていたため、降りて休息を取ることは許されなかった。喉の渇きと恐怖心とですっかり干上がってしまった。空気の希薄な天涯マチュ・ピチュへ行ったときは案の定、高山病に罹《かか》った。マテ茶もコカ飴も効かなかった。目の前が真っ赤に見えて、ここで死ぬのかと思った。

せっかくの「金」も、張り切り過ぎると辛くて重いものになる。

古希を迎えたいま、まだまだ健在ではあるが、金ほどには冴《さ》えないので言わば「銀の時代」。旅をするなら国内旅行。もう無理は利かないので、疲れた心身を温泉で癒しながら、行きそびれた名所旧跡を巡ってみたい。西国三十三か所巡礼はまだ道半ば、ついにはタクシーに乗ってでも集印を全うしたい。行き尽すと夢がなくなるので、北海道の花街道は最後まで残しておこう。油断すると直ぐに黒ずんでしまう「銀」だが、燻し銀の風格は失わないようにしたい。

もしも傘寿を迎えられたら、そのときはかなり鈍っているだろうから「銅の時代」。もう遠くには行けそうにないので日帰り旅行。美術館巡りでもグルメ旅でもよい。館内を自分の脚で見て回れるだけの体力があればの話だが。人生ここまで来れば、もう食べたいものは何でも食べたい。シャリアピン・ステーキの食後に濃厚なチーズ・ケーキとブルー・マウンテン・コーヒー。入れ歯でも大丈夫だろうか。「銅」のイメージは地味で暗い。先が思いやられる。

そして万が一、卒寿を迎えることにでもなったらこんどは「鉄の時代」。足腰は弱っても、近くの公園ぐらいは散歩出来るようでありたい。木蔭のベンチに腰を下ろして、四季折おりの花や鳥を眺めていたい。そよ風に乗ってモーツァルトでも聞こえてくれば最高の居眠りが出来るだろう。「鉄」はもはや金属の塊、メダルの価値もない。もうだれもふり向いてはくれない。

あろうことか百歳になってしまったら……最後は「石の時代」。

庭に下り立つのがやっとだろうけれど、その庭に集まってくる子や孫に好かれる可愛いおばあちゃんになって、過ぎし日の写真帳を捲《めく》りながら、人生を全うしたい。しかし、どう称《たた》えられても「石」は石。もうほんとうに徒の石。あとは砕けて土に返るだけだ。

こう考えると、夢の百歳なんて、ほんとうは来ないのではないか。いまを精一杯生きる、その先に微《かす》かに見えてくる幻影にすぎないのかもしれない。健康も経済の保証も何もないのに、百歳になってしまったらそれこそ悲劇だ。それでも目標は持っていたほうがいい。たとえ儚《はかな》い夢であったとしても、それに向かって日び努力する価値は充分にあるのだから。

二十四年ぶりの再会

四月の下旬に、私たち女子大時代の五人組が、ＪＲ飯田橋駅に集合して、神楽坂で昼食会を開くことになった。

「神楽坂」と聞いて、とっさにＮさんのことを思い出した。彼女が宇都宮から神楽坂に引っ越してもう二十四年になる。毎年届く年賀状には、

「東京に来られたらぜひご連絡ください」

とあるが、こんな社交辞令はだれでも書く。彼女とは職場のゼミで知り合ったのだが、いまは神楽坂と宇都宮、六十三歳と七十三歳、理系と文系、二十四年の歳月がふたりを大きく隔ててしまった。

気後れしたものの、せっかく神楽坂に行くのだから、女子大の昼食会前に少し会えないものか、と思い切って出したメールに返事が来た。

「私もぜひお会いしたいです。十時にＪＲ飯田橋駅東口に出向きます」

桜のころは２０℃を超える陽気が続いたので、薄手のドレスにレースのカーディガンを用意していた。中旬は少し気温が下がったため厚手のスーツに変更した。何しろ相手は十歳若いうえに神楽坂在住、この私が年寄りの田舎者と思われたくない。ところが、前日になって遅霜の注意報が出た。結局、ブレザーにスラックス、コートという一番着たくない組み合わせになってしまった。

私は携帯電話を持っていない。だからつねに時間厳守を心掛けている。

この日も三十分前に着いて身だしなみを整え、駅舎を出て外堀通りを少し歩いてみた。葉桜がきれいだった。待ち合わせの十五分前に駅に戻った。「みどりの窓口」で「神楽坂だより」をもらい、さっと目を通すと十分前になった。そろそろ来るころではと、きょろきょろしたがその気配なし。「ひょっとして車で？」と道路に出てみても駐車スペースはない。五分前。かなり不安になってきた。「約束を忘れている？　それとも日にちを間違えた？」否《いや》いや、約束を忘れるような彼女ではない。いまにきっと駆けてくる、と思った九時五十八分、懐かしい人が足早に近付いてきた。

水色のデニムの上着に黄色の細身のパンツ、さりげない装いにも若いセンスが感じられて、

「さすが！」と思った。時間の観念といい、服装といい、洗練された彼女のライフ・スタイルに、私は大いに引け目を感じた。

「お久しぶりです。神楽坂へようこそ。メールをもらって嬉しかったです」

彼女らしい屈託のない挨拶に、私はほっとした。救われた。

外堀通りをゆっくり歩き始めた。モダンな神楽坂の佇まいを目で追いながらも、心は二十四年前にタイム・スリップしていった。

あのころ、私はアメリカへ短期語学留学するために、宇都宮の某教育研究所を辞めた。間もなく、彼女も夫君の転勤で神楽坂に引っ越した。そこでコンピューター・システムによる学習塾を経営していたが、現在は塾を他人に譲り、孫の面倒を看ている。

新緑の美しい森のレストラン「日仏学院ラ・ブラスリー」の喫茶室で、フランス産のシードル（りんご酒）を初めて飲んだ。軽い飲み口の所為で舌がよく回り、斯《か》くかく然《しか》じか、途絶えていたふたりの記憶の回路は瞬《また》く間に繋がった。

それから、フランス語の原書を扱っているこの学院の格調高い書店に案内してくれた。私は近年、横文字にはとんと縁のない日びを過ごしてきたので、語学に対する昔のあの情熱を再び掻き立てられた気がした。

フランスの雰囲気から神楽坂に戻った。入り組んだ路地裏を巡りめぐって、江戸情緒の残る石畳の熱海湯階段を上がり、新しい神楽坂を坂下へとおもむろに下りていった。

心配していた土地柄や年齢差等、全く気にならなかった。纏っている諸もろのしがらみを身ぐるみ剥いで、彼女は私そのものを、私の考え方、生き方を真っ直ぐに見てくれた。

「私たち、意外と話が合うね」

と言ったら、

「先輩は前向きな人だから、ずっと私のタイプでした」

と返してきた。

私はそうは思わない。彼女は私にはないものを持っている。小さいことに拘らず、いつも泰然としておおらかだ。長年そこに惹かれてきた。それぞれの道を歩んできて、お互いに「おばあちゃん」となったいま、あらためてその違いが愛おしい。

彼女と別れて十一時五十分に飯田橋駅に戻ると、十二時からのグループがすでに集まってい

て、

「いつも三十分前には来ているはずの人がまだ来ていない」

と騒いでいた。

折しも、ほろ酔い気分の私が頬を紅潮させて駆けつけたものだから、みんなは度肝を抜かれたようだった。Nさん流に、限《ぎ》ぎり間に合ったのだから何の問題もない。

呆気《あっけ》に捕られている彼女たちを尻目に、私はNさんとの仄ぼのとした邂逅《かいこう》の余韻にしばらく浸っていた。

冬の草津温泉

年ごとに冬の寒さが身に沁みるようになった。かと言って、家の炬燵《こたつ》で縮こまっているのも芸がない。そんなとき、新聞の広告が目に入った。

「冬の草津温泉二泊三日、四食付きで税別一万円、さいたま新都心からの送迎バスが税別千円」

これはお得だ。

雪と温泉との情緒ある冬を存分に楽しもう、とさっそく出掛けた。

三日もあるのだから中日《なかび》は、しんしんと降る雪の中を街歩きするよりも、温かい部屋でゆっくり、随筆講座合評会に提出する作品でも書こうかと、原稿用紙とペンを持っていった。掃除、洗濯、買い物、炊事から解放され、集中出来るこんな日に一気に書くに限る。

昼過ぎ、草津温泉に着いた。予想通り雪景色だった。シンボルの湯畑から立ち上《のぼ》る白い湯けむりが、すっぽり雪化粧した街並みにひときわ趣《おもむ》きを添えていた。

湯畑脇の足湯「湯けむり亭」で冷えた足を温めた。湯畑は源泉１００％。その熱湯を七本の木の樋を通して冷ましながら各旅館に配湯している。辺りは白一色なのに、石畳の地下に温泉を通しているので、街は積雪もなく温かい。

温泉街をひと巡りしたころ、湯畑がライト・アップされ、湯けむりと光が織りなす幻想的な雰囲気に変わった。

きょうはゆっくり遊ぼう。あすは一日ホテルに閉じ籠もって随筆を書くのだから、もうひとつの源泉、地元の人たちの共同浴場「地蔵の湯」にも入っていこう、と腹を決めた。江戸時代に「この湯で目を洗うと眼病が治る」という、お地蔵様のお告げがあったありがたい湯だ。やや白濁したお湯の当たりがとても軟らかい。年季の入った板張り、板敷きのこじんまりした浴場は、まさに日本の温泉の原風景のように思える。

夕食後、内湯に浸かったら一日の疲れがどっと出た。

思えば高校時代、三連休は嬉しかった。山ほどの宿題があったのに、一日目は悠然と構え、中日は宝塚大劇場へミュージカルを観にいった。三日目はその余韻を引きずってぼんやり過ごしたが、結局、最後は何とかなった。大丈夫、大丈夫、まだあと二日もある。

そして温泉二日目。きょうこそは書き上げるぞ、と起き抜けに先ずはひとっ風呂。

朝食後、ホテルで芝居が上演されるという。文学座ならずとも覗いてみる価値はある。温泉宿で、たまにはげらげら笑うのも一興だ。あれっ、六方を踏んでいるあの役者、きのうはフロントで受け付けをしていた！

お昼を食べに外に出た。温泉街らしい佇まいのレストランで、上州豚、舞茸、花豆、野沢菜等、地元の食材を使ったランチを食べた。

そのままホテルに戻る予定だったが、出たついでに直ぐ近くの西の河原公園まで足を運んだ。ごろごろ転がった岩が雪を被り、あちこちから温泉が湧き出ているさまは荒涼として、冬ならではの凄烈な光景だった。何度も来ているが、草津温泉はやはり冬が一番面白い。

急いで湯畑に戻ってくると、きのうは気付かなかったのに、きょうに限って三つ目の源泉「白旗の湯」が見えてしまった。見えたら入らないわけにはいかない。源頼朝に発見されたので、源氏の白旗に因んで命名されたという。ここも共同浴場で、地元の人のための浴場だから「もらい湯の精神で」の張り紙がしてあった。ゆったり浸かっていると、もう随筆なんて書けなくてもよい気がしてきた。

西の河原周辺には、水原秋桜子や斉藤茂吉の文学碑があったらしいが、雪に埋もれて分からなかったのが逆によかった。こんな雰囲気のところでずぶの素人が、文人気取りにでもなって、調子に乗って下手な創作活動等をしようものなら、それこそ巷《ちまた》の笑い者になる。温泉の名所に来て、温泉を楽しまない道理はない。

夜はまたホテルの内湯に入るとぐっすり眠れた。

三日目。とうとう随筆は書けなかったが、こうなったら徹底的に遊ぼうと、出発まで「草津温泉ガラス」の作品を見たり、蒸《ふ》かしたての温泉饅頭を頬張ったりして散策を楽しんでいると、もう何日も滞在しているような錯覚を覚えた。

久しぶりの温泉三昧、三日間で何度も湯浴みしながら、ほんの一行の文も書けなかった。そしていま、わが家の食卓でこの小品を書いている。私にはここが一番落ち着く。要するに、締め切りに間に合ったのだから、遊んだ分だけ得をしたと思うところは、学生のころの私と少しも変わっていない。

心の旅路

七十五歳を目前にして、このほど西国三十三か所巡礼切っての難所、施福寺に参拝した。大都会の喧騒を離れて、花と新緑に包まれた清閑な山道を杖を曳いて辿《たど》り、幾多の石段を上り切るという、まことに厳しい心身の修錬であった。

栃木県の造り酒屋に嫁いで間もなく、嫁姑の確執から大阪の実家に舞い戻ったときに、やはり伏見の造り酒屋に嫁いで苦労してきた伯母から、西国巡礼を勧められた。私たちの仲人でもあるこの伯母のお蔭で、どうにか元の鞘に収まった。

先ずは手近な京都のお寺から参って、そのあとは帰省するたびに交通至便な霊場を選んで巡ったので、私のご朱印帳は飛びとびで、しかも難所ばかりが残っている。

途中で挫《くじ》けるといけないので、今回は京都からの「巡礼ツアー」に初めて参加した。バスに乗り込むと直ぐに朝のお勤めが始まり、いままで自己流にお参りして、ただご朱印を受けてきただけの私は大いに面食らった。みんな、手に数珠を掛け、経本を持っている。般若心経だけは辛うじて諳《そらん》じられたので何とか急場を凌いだ。

大阪府和泉市に位置し、西国三十三か所第四番札所である施福寺は、標高６００ｍの槇尾山に開山された天台宗の古刹で、５３８年ころの創建とされている。

麓のバス停から直ぐに急勾配の参道が始まった。「本堂まで四十分」とある。十分ほどで仁王門に着いたが、この最初の坂道からすでに腰には相当きつい。

ここから自然の石で布設された階段になり、道幅も狭く歩き難くなる。緩めの石段も徐々に急峻になり、杖を持ってきてよかったと思った。両脇の石垣には苔が生えて野趣たっぷりの参道を、足元の石段だけを見詰めてひたすら上る。九十九《つづら》折りを一気に上り詰めたところまでで九百五十一段あったらしい。

菅笠を被って白い笈摺《おいずる》を羽織り、輪袈裟を掛けて金剛杖を曳いた本格的な巡拝者とともに上っていると、普段の服装をしている私でも、諸もろのしがらみを担いながら人生行路を歩んでいる気がするから不思議だ。

そこからはコンクリートの急な階段が真っ直ぐに百五十段。麓から苦難の山道を１ｋｍも上って、やっと本堂に辿り着いた。極楽浄土はほんに遠いところにあると思った。重機などなかった時代に、車道もない山上によくぞ造営されたと感嘆する。寺の僧徒も毎日この山道を上り下りしているという。

本堂の周辺には、汗して登った心を歓迎してくれるかのように、ヤマツツジが咲いていた。行基菩薩が山岳修行をされた道場であり、弘法大師も剃髪された寺として栄えたが、織田信長の兵火やのちの山火事で以前のような隆盛はなくなったそうだ。

本堂で読経し、ご朱印をいただいての下りは、上りよりも膝に応えた。爪先に体重がずっしりと掛かる。それでも無事にお参りを終えた達成感から、「ツピッ、ツピッ、ツピッ」と鳴くヒガラの囀《さえず》りにも耳を傾ける余裕があった、おそらくは上るときにも鳴いていただろうに。帰りのバスの中でも夕べのお勤めがあった。読経のあと、各人が思いおもいに黙想した。

私は決してよい嫁ではなかった。最期に義母からもらった形見の指輪を見るたびに胸が疼く。嫁いだころの私は、曲がったことが大嫌いだった。義母が黒いものを白いと言ったときに、夫が教えてくれた通り、彼女に相槌を打ちながら後ろを向いて舌を出すことは、子どもたちの手前、どうしても出来なかった。黒いものは飽くまでも黒であるべきだった。

旧家に嫁ぎ、義父母との同居生活を営む中で、核家族からはとうてい得られなかった貴重な人情の機微を学ぶことが出来た。いまだから言えるのかもしれないが、もう少しだけ彼女に譲歩してもよかったのではないか。

三十三か所の観音菩薩を巡拝した者は、その罪を償って極楽へ迎えられるという。遅きに失する感もあるが、せめてもの罪滅ぼしに残る四か所の巡礼を果たして、五十年掛かりの心の旅路の満願としたい。

人間模様

京都から宇都宮に帰る夜行高速バスの発車時刻までの待ち時間に、京都駅ビル屋上の展望台に向かった。

中央コンコースから一直線に伸びる長いエスカレーターを乗り継いで、十二階まで上がる途中でふり返ると、遙か下のほうに、家路を急ぐ通勤者の雑踏が蟻のように見えた。やがて上に暮れなずむ春の大空が開けてきて、オープン・スペースの展望広場に着いた。夜はライト・アップされ、十一時まで開放されている。

広場中央には芝生が敷かれ、色いろな植物の中でもとくに竹が、足元の灯篭に照らされて幻想的に光っていた。屋上緑化のためのこの「葉っぴいてらす」をそよ風が吹き抜けていく。広場面積の割にベンチの数が少ないが、平日のこの時間に、遥ばる展望台まで上がってくる人はそう多くはいない。

ここから望む京都の街は、霞の掛かったようにたそがれて、夜景を楽しむにはまだ早すぎた。そこで私は、空いているベンチに腰を下ろし、周りを見渡しながら人間ウォッチングを始めた。

外国人男性と日本の若い女性が話をしているのは、その落ち着いたアカデミックな雰囲気から、さしずめ教授と女子大生といったところだろうか。彼女は、横文字のハードカバー本数冊を、なんと昔懐かしいブック・バンドで結わえていた。それが却って、今風のおしゃれに見えた。

運動クラブの練習を終えてきたらしい男子学生のグループは、コンビニ弁当をかき込んでいる。老夫婦は寄り添って腰を下ろし、偕老の誼《よし》みを共感している様子だった。

そのとき、エスカレーターで上がってきた初老の外国人女性が、ベンチのほうに歩いてきた。背の高いすらっとした細身のその女性は、素肌の白い美しい人だった。白髪を無造作に掻《か》き揚げ、白のブラウスに黒のロング・スカートという装いで、黒いサンダルを履いていた。

他に空いたベンチがあったのに、彼女はわざわざ男性が座っているベンチの片端に、慎ましやかに互い違いに腰掛けた。私なら間違いなく空いているベンチに座る、真ん中にでんとではなく、片端にちょこんと。でなければ、片端に女性が座っているベンチのもう一方の端に。

そこへ若いカップルがやってきて、空いているベンチの真ん中に当然のように仲よく腰掛けた。映画でも見てきたのだろうか、ふたりともポップコーンを持っている。そうか、先ほどの女性は、若い恋人たちかだれかのためにベンチを空けておいたのだ。

私は斜交《はすか》いの位置から、その女性の顔をあらためて眺め直した。彫りの深い理知的な顔から、学究肌の人らしく思えた。彼女の容姿と気配りに言いしれぬ奥床しさを覚えて、しばらくの間うっとり見惚れていた。敢えて男性の横に座ることで、女性同士の煩わしさも避けたのだろうか。彼女はひと息ついたあと、すっと立って、おもむろにエスカレーターのほうに去っていった、ロング・スカートの裾を翻して。

入れ替わりに、大きな紙袋を提げたおばさん連がどかどかと上がってきて、われ先にと席取りが始まった。京都見物の土産を持って、これからどこへ帰っていくのだろう。

ほんの短い間ではあったが、この場にぼんやり座っていた私自身も、目の前に繰り広げられる様ざまな人間模様の中の一役を買っていたことになる。たぶん私は、一介のお上《のぼ》りさんを演じていたのではないか？

京都タワーがライト・アップされて、ローソクのように夜空を飾り始めたのを潮に、私も展望台をあとに、高速バス乗り場へと下りていった。

もったいない

随筆講座の合評会用に毎月会員が提出した原稿は、講師の先生により添削されて、全員の添削済み作品が原稿とともに、個々のパソコンに一括で送られてくる。それを各自が印刷して講座に臨む。一回の印刷の枚数は大体Ａ４判で五十枚前後になる。そこで私は、用紙を節約するために裏紙を利用して、新たに印刷した面が表になるように二枚を貼り合わせている。

そんなに倹約しなくても、と自分でも思うことがあるが、そもそも私の「もったいない」気質は、どうやら母方の祖母から受け継いでいるらしい。祖母は、来客用の椀皿を墨で手習いした半紙に包んで木箱に仕舞っていたし、破れた大風呂敷には当て布をして、細かい針目で丁寧に繕っていた。

学生時代に、十九世紀イギリスの女流作家、ジェイン・オースティンの書簡に深い感銘を受けた。二百三十年も前の社会では、文通が唯一の情報交換の手段で、彼女はとくに姉のキャサンドラと二、三日毎に長い手紙のやり取りをしていた。当然、何枚もの便箋が必要になるし、郵送料も嵩《かさ》む。当時、文人の手紙はいまの新聞の役目も兼ねていたので、郵送料は受け取った側が払い、地域の人たちにも読み聞かせていたという。

彼女たちは、便箋と郵送料を節約するために、筆記体で書き送られてきた英語の手紙を九十度回転させて、その上から色の異なったインクで十の字に交差するように返事を書いている。筆記体は行間が空くので、その行間を埋めてもう一往復させたあと、さらに便箋の裏を使って、また同様にびっしりと書き綴っている。

「このように字の間隔を空けてしまって自分に腹が立ちます。なぜ私の字はお姉さまの字に比べて、こんなに不格好に広がってしまうのでしょう?」

と、ジェインの手紙に書かれている。

ものの豊かないまの時代からは思いも寄らぬことだが、この発想は実に理に叶っている。ずいぶん読み辛く、書き辛くもあっただろうけれど、先人たちが、こんなふうに工夫しながら、それぞれの時代を懸命に生きてきたことに、あらためて深い感動を覚える。

この努力に比べれば、私の裏紙利用など取るに足りないが、いろんなものが溢れている現在、ものを大切にする心は持ち続けたい。尤も、ペーパーレスの時代が来れば話は別だが、当面は紙と筆記用具は必需品である。

さて、印刷し終わった合評会用の資料は、さすがに少し黄ばんではいるし、貼り合わせた二重の紙もごわごわで、嵩は張るし、しかも重い。だが、そこは気にするところではない。公に出すものなら白紙に印刷するが、だれ彼に見せるわけでなし、私自身が勉強するためのものだから、これで充分である。

問題は私の添削済み原稿だ。未だまだ無駄な部分があってずいぶん削られている。こんな書き方こそが「もったいない」。

十年後の私への手紙

両親と弟を早くに亡くして、「私も長生きは出来そうにない」と言っていたあなた、八十五歳になった感想はいかがですか。お連れさまは健在ですか。お金は足りていますか。痛いところはありませんか。

身辺整理の手始めにと、思い切って家を処分して身軽になり、頃合いのアパートに細《こま》ごましたものを持ち込んで少しずつ始末していく計画は、その後順調に進みましたか。写真や日記や手紙は簡単には捨てられないでしょうから、「死後に処分を」と書き残しておくといいですよ。揺り椅子に座って何度でも見てみたい、と言っていましたね。写真に撮るような外出も、日記に書きたい出来事もなくなり、手紙も来なくなったら、昔の思い出に耽ってばかりいないで、もっと前向きに、その歳にでも出来ることを見つけてどんどんチャレンジしてください。きっと新しい世界が広がると思います。

いま、どこに住んでいますか。お連れ合いと一緒に高齢者専用賃貸住宅ですか。元もと、そこに入居するための身辺整理だったはずですから、おそらくはすっきりと片付いて、規則正しい毎日が送れていることと思います。時どき訪ねてきてくれる子や孫と、話のラリーが出来る素敵なおばあちゃんを目指して、ラジオやテレビや新聞の最新情報にはつねに敏感であってください。まだ車の運転をしているのですか。時宜を見計らって止める勇気も必要です。

お金は足りていますか。老後のためにと取っていた預貯金も、かなり目減りしていることでしょう。どうしても必要な経費と節減可能な出費をよく考えて、悔いの残らない上手な使い方を心掛けてください。一生懸命に働いて積んだお金は、自分のために使い切ってよいと思います。子孫のためには金品ではなく、あなたとの楽しい思い出をたくさん作ってあげれば、それが最高の贈り物です。

痛いところはありませんか。そろそろ、あちこちが痛み出すころかと思いますが、若いときのようにはいかないので、うまく付き合ってください。全てを受け入れることです。五木寛之は、

「いままで何をしたかによって人を評価してはならない。いままで生きてきた、そしていまも生きている、そのことに大きな価値がある」と言っています。八十五歳のあなたが、いまある命に感謝して日毎夜ごと《ごと》、恙《つつが》なく過ごせますように、と祈っています。

最後に、現在のあなたが、十年前に描いていた理想の境地にすでに達していて、この手紙を読んで、少なからず苦笑してくれるようであればとても嬉しいです。

スロー・ライフ

左肩骨折手術のあと、リハビリに通院することになった。左腕が不自由なため、徒歩とバスで行くのでずいぶん時間が掛かる。

リハビリを終えてまたバス停までゆっくり歩く。これまでは、なりふり構わず、そそくさと足早に歩いて車にどかっと乗り込んでいたが、いまは違う。背筋をぴんと伸ばして爪先を上げ、大股でゆったりと歩く私の姿がショー・ウィンドウに写っている。文字通り、スロー・ライフである。

しばらく行くと、車では気付かなかった小さな喫茶店が目に入り、入ってみたくなった。いつもは夫と一緒なので、決まって所帯じみた食事になるが、昼前のひととき、ひとりでちょっとシックな非日常を味わってみたくなった。

すでにランチタイムが始まっていて、ランチ・セットもケーキ・セットも値段はほぼ同じだったが、どうせ家に帰れば昼食を用意しなければならないのだからと、ここは奮発してケーキ・セットにした。

大谷石の蔵を改造した手狭な店にはジャズが流れていて、クラシック党の私には全くの異空間だった。時分柄、私の他に同年輩の女性客がひとりいるだけだった。

彼女の前にチョコレート・ケーキ・セットが置かれているのを、ちらりと見た瞬間に目が合った。とっさに軽く会釈をしたら、彼女もにこっと笑みを返してくれた。

私のテーブルにレア・チーズ・ケーキ・セットが運ばれてくると、

「よろしかったら、少しお話しませんか？」

斜め前の席の彼女から声が掛かった。端正に装った彼女には気品が備わっていて好感が持てた。場違いな雰囲気に辟易《へきえき》していた私に、助け船を出してくれた！　私は嬉しくなって彼女の前に席を移した。ランチ・セットを注文していたら、たぶん声は掛からなかっただろう。

初対面なのに、私たちはフィーリングが合った。四方山《よもやま》話からやがて音楽談義になり、彼女はいまでも夫君と一緒に自宅でチェロを弾いていると言った。

私の夫も、学生時代にマンドリン・クラブのコンサートマスターをしており、いつか私のピアノと合わせる約束をしたのに、ついに果たせぬままになってしまった。いま、私のピアノは電子ピアノに取って代わり、夫のカラーチェのマンドリンも近ぢか、長男の嫁に譲ることになっている。

そんな話をしているところへランチの客がどっと押し掛けてきたのを潮に、私たちは席を立ってそのまま別れた。どこのだれともしれない人との束の間のコーヒー・タイムだったが、ネル・ドリップの格調高い香りに包まれた、とても温かい幸せな時空だった。スロー・ライフ、悪くない。

ほどなくして、図書館での室内楽演奏会でボッケリーニの弦楽五重奏曲「メヌエット」を聴いた。私ははっと息を呑んだ。なんという奇遇！　二挺のチェロの一挺を例の彼女が弾いている。急いでプログラムを見ると、もう一挺の男性のチェリストも彼女と同姓。二挺のチェロの絶妙な掛け合いもさることながら、私は、弦を押さえているふたりの左指に光るお揃いの指輪をうっとりと眺めていた。

感動の演奏が終わったとき、力いっぱいの拍手を送って、彼女に届くことを祈った。

夜明けの歌

毎夏、朝の楽しみのひとつに朝顔がある。五時にベランダに出ると、緑の葉の間から清楚に咲いた青い花がオーバード（夜明けの歌）を奏でてくれる。三つのプランターから立ち上がった、180cm四方のネットに蔓が縦横無尽に絡みつき、そこから葉が外側に向かって一斉に懸垂しているさまは、まるで緑の緞帳である。

というはずだったのに、埼玉県の娘の近くに引っ越してからは、このマンションの駐車場の防犯灯が夜通し点《つ》いている所為か、はたまた年毎に厳しくなる熱帯夜の所為か、せっかく結んだ蕾が花開くことなく、ぽたぽたと落ちてしまう。とはいえ、この環境は如何《いかん》ともし難い。私が変わるしかない。

花の咲かない朝顔はもはや朝顔ではない。好きだったヘブンリー・ブルーという西洋朝顔を、今年は思い切ってオーシャン・ブルーという琉球朝顔に変えてみた。繊細さに欠け、全く野性的で粗野なこの品種は、以前から好きではなかったが、背に腹は変えられない。私がほしいのは、緑のカーテンに無数に咲く朝顔の花なのだから。

そして九月、重厚な濃い緑色の葉陰から、オーシャン・ブルーの青紫色の花が次つぎと咲き出した。ちょっと毒どくしい感じだけれど、神経質なヘブンリー・ブルーよりもおおらかなこの品種に、新たな魅力を感じ始めた。見た目の美しさよりも、強い生命力に惹かれるのは、私自身が年老いた所為かもしれない。

というわけで、朝の涼しいひととき、元のようにベランダの朝顔の葉陰で、バンクーバーの二男の嫁が焼いてくれたコーヒー碗を傾けながら、今年は、ややどぎついオーバードを密かに楽しんでいる。

最終章はアレグロで

茨城県大洗磯前《いそさき》神社前の神磯に立つ鳥居越しに、真っ赤な朝日が大海原の上に弾けるのを見た瞬間、自然の摂理に感嘆の声を上げた。

平成二十八（２０１６）年の初日の出は、パワー・スポットのこの場所で拝したい、と予てより計画していた。日の出の時刻は六時五十分過ぎなので、大洗で前泊することにした。

天候は、時どき曇りでも一時曇りでもなく、全くの快晴でなければならない。年末二十九日発表の週間天気予報を見ると、正月三日、四日に初めて大きな晴れマークが出た。それからの予約だから、大きなホテルなど取れるはずもなく、やっと見つけた小さな民宿で折り合いをつけた。

だがその民宿は、なんと磯前神社石段下の正面鳥居の右真横にひっそりと佇んでいた。鳥居の左真横には専用駐車場まである。神社の駐車場に入る車が長い列を成しているのに、私たちはさっさと入れた。まさに残りものに福だ。さらにラッキーなことに、道路を隔てた直ぐ前の海岸の、大御神《おおみかみ》降臨の地と称される神磯に、例の石の鳥居が厳かに立っていた。

正月四日は月曜日で仕事始めのため、人出が疎《まば》らなのがまたよかった。鳥居のちょうど真ん中から昇る朝日をカメラで捉えるために、立ち位置をあちこちと自由に変えることが出来た。

日の出の直前、水平線上に雲が低くたな引き、ひょっとして鳥居の上からいきなり太陽が顔を出すのではと気を揉《も》んだが、その全容は鳥居内にすっぽり収まった。やがて鳥居を越える瞬間に、閉じ込められていたパワーが全開する威力を感じて、身の引き締まる思いがした。

燃えるように沈む夕日もそれはそれで美しいが、年嵩が増すと、やはり落日は寂しい。勢いよく昇る朝日にこそ希望を見出して、新たな活力が漲ってくる。

しかしまた、平成二十三（２０１１）年三月、この穏やかな海の向こうから突然、大津波が東日本の太平洋岸を襲った。海神の為《な》せる脅威に対して、無力な人間は為す術を持たない。


わが人生もいよいよ第四の節分、立冬を迎えた。交響曲でいう第四楽章（最終章）はラルゴ（ゆっくりと豊かに）で奏したいとずっと思ってきた。ケア・ハウスの陽だまりで揺り椅子に腰掛けながら、のんびり音楽を聴いたり読書をしたりと。

それが、神《こう》ごうしい日の出を拝んだ途端に気が変わった。未《ま》だまだやりたいことがいっぱいある。最終章は一念発起、定石通り、何としてもアレグロ（快速で陽気に）で華やかに奏でたい。

第四章　夫とともに

潮どき

未来の夫となるべき人から、

「栃木県では車が必要だから、運転免許を取る気はありませんか？」

と言われていた私は、昭和三十九（１９６４）年、彼の留守中に自動車教習所に通った。「法令」はともかく「構造」の教本は、父の解説を聞きながら片っ端から丸暗記した。コンデンサーだのコンプレッサーだの、私にはとうてい無理な領域だった。

練習車はいすず社初代の「ヒルマン・ミンクス」。ハンドル・シフトで、ボディの曲線が美しく、オレンジ色と白とのツー・トーン・カラーが人目を引く。その車を運転して、私は未来への強い憧れを抱いた。マイ・カー時代前の、一般庶民にとって車を持つことがまだ夢の時代であった。

やがて名神、東名高速道路が開通し、私も車で栃木県と京都を行き来するようになった。

あれから五十年の歳月が流れて、このほど運転免許更新時の高齢者講習を受けた。

実習車はシニア向けの頑丈なトヨタの旧式で、ボディの色は褪《あ》せ、エンジンの振動がもろに肢体に響いた。当時の花形だったあのニュー・モデルが、半世紀を経ておんぼろの中古車に格下げられただけではない。私にも相当がたがきている。厳しかった助手席の指導員も、高齢者には優しく親切だった。狭いと思っていたコースの幅員がいまは妙に広く感じる。急だった勾配もずいぶんなだらかに思えた。この日の技能講習ではとくに問題はなかった。

ところが、運転機能検査では、模擬運転のシミュレーション画面に突如として現われる赤や黄色の停止信号以外に、急に飛び出してくる意地悪な青信号機にまで、はっとして二、三回アクセルを放してしまった。実際にボールが転がってきたり、猫が横切ったりすることは間《ま》まある。だが、何の危険も感じられない画面に、横合いから映画撮影時のカチンコのように、いきなり青信号機が出てくるのだからどきっとする。落ち着いて構えていると反応が遅いと言われ、素早く操作すると判断が甘いと言われる。私の判定は案の定、「反応は機敏」「判断が粗忽」と出た。桑原、くわばら。

五十年の間には実に色いろあった。夫の仕事柄、フロア・シフトの１ｔトラックを運転したこともあるし、6速マニュアルのスポーツ・タイプ車にも乗った。キーを車の中に閉じ込めてJAFを呼んだことも、橋梁の上でガス欠になってスタンド・マンに来てもらったこともあった。アメリカでもカナダでも運転してきた。

長年運転席に座ってきた夫に代わって、いま車の主導権は私が握っている。さすがに首都高速はもうご免だが、成田空港や伊香保温泉辺りまでなら普通に乗っていける。助手席の夫からは、「車庫入れが下手だ！」「止めた車のタイヤが曲がっている！」等とよく言われるが、まだ無事故、無違反なのでゴールド免許である。

ほどなくして、こんどは八十過ぎの夫が、同じく運転免許更新時の高齢者講習を受けた。いままで家族の反対を素直に受けて運転を自粛してきたのに、

「これからは自分で運転する」

と、急に夫が言い出した。シミュレーションの判定が私よりも良好だったたからだ。

「自分で行きたいところへ自由に行きたい」

私がどこへでも送り迎えしている、それが気に入らないらしい。

「免許が交付されたということは、運転が許可されたことやろう！　あんたのほうがよっぽど危ない」

　というのが夫の言い分だ。

　夫は玄関の戸締りを時どき忘れる。傘や帽子を他所《よそ》へ置いたまま帰ってくる。聞いたことをしっかり覚えていない。運転だけが１００％大丈夫な道理がない。車は壊れてもよい。他人を巻き込んでしまうことだけは絶対に避けるべきだ。

「運転はどうしても止めない。不便で仕様がない！」

　すったもんだの大喧嘩をして、いつものようにお互いに黙ったまま三日が過ぎた。

　私は車を売ってしまおうと思った。これからは徒歩とバスとタクシーを使い分けよう。そのうちにケア・ハウスにでも入れば一件落着。

　朝食時、夫が口を切った。

「やっぱり免許は返納する」

　夫の出した結論に私は驚き、急に胸がいっぱいになった。

「何もそこまでしなくても、持ってるだけでもいいじゃないですか？」

ちょっとした車の移動や、私の苦手な吊り下げ式立体駐車場への入庫など、手伝ってもらえることはまだある。免許を返納することで、一気に惚《ほう》けてしまうかもしれない。

それからというもの、私は夫に対してずいぶん寛容になった。玄関の戸締りが出来ていなくても、盗られて困るものはもう何もない。傘や帽子はいくら買っても、自動車に比べれば安いものだ。同じことを何度も繰り返して言うことは、私の口の体操になる。

それにしても、そろそろ私たち、廃車を考えてもよい時期にきている。

希望の光

まだ早いかとも思ったが、右目に白内障の手術を受けることにした。眼科病院で、「ここまで真っ白になると、もう手術は無理ですね」と言われている人がいたことも影響したと思う。

病院の説明書によると、百年間の手術で、失明に至ったケースが一例あったという。その一例が私に当たるかもしれないと思うと恐ろしいが、幸い、十年前に左目の手術は終えているので、万が一、右目が失明しても当分は左目で何とかなる。

これまでに、世界中の行きたいところへはほぼ行った。名立たる美術館も大体見て回ったし、二十世紀の映画も見たいものはそう多くは残っていない。見える間に見たいものを見ておいてよかった。もしもの場合でも、私にはまだ音楽がある。点字を覚えれば本だって読める。孫たちの成長も見られなくなるとしたらもちろん寂しいが、これまで充分なくらい「おばあちゃん」孝行をしてくれた。それに声のコミュニケーションならこれからも出来る。こう考えていると、段だん肝が据わってきた。

それでも手術当日は、さすがに不安が募《つの》り、付き添いの夫に促されなかったら、バスを乗り越してしまうところだった。普通は１００㎜Ｈｇそこその血圧が１５０にまで跳ね上がっていた。運命を分ける日に平常心でいられる道理がない。

局所麻酔なので、眼球の外壁を切開して水晶体嚢に丸い穴を開けるときにチクッと痛む。眩しいライトをじっと見詰めているのが辛い。わずか十分程度の手術でも、いまならどうにか我慢も出来るが、もっと歳を重ねてからではとうてい耐えられないと思った。

見学室の夫は、モニターを見ながら手術室の執刀医と、至極《しごく》冷静に交信している。

「白内障が少しずつ吸い取られていく様子が分かりますか？」

「はい。ふたつに畳んで丸まった眼内レンズが、中できれいに開きましたね」

普段は、認知症ではないかと疑う節もある夫が、いざという場面で明快に受け答えをしている。そうか、いつもは私に頼り切りだから駄目なのだ。私が弱ると俄然しゃきっとするのなら、時どきは仮病を使うという手もある。

案じていた手術も無事終了したらしい。夫の声が弾んでいる。非常事態に備えて、血圧計のカフを左上腕に巻き付け、心電図検査用の電極を胸に装着していたが、いずれの出番もなかった。

眼帯を付けて乗った帰りのバスで、カードをうまく読み取り機に通せない。家でもリビングのシーリング・ランプの引き紐がなかなか掴めない。やっぱり片方の目では不自由だ。

翌日、眼帯が外れて驚いたことに、どんより曇っていた空が、ほんとうは青く澄んでいた。埃を被っていた街路樹が、雨に洗われたように青々している。おしゃれなレストランの看板に品よく描かれた小さな唐草模様は、なんとアルファベットで書かれた白抜きの店名だった。

左目の手術を終えたときのあの感動が甦った。

半ば諦めていた未来に明るい光が射してきた。心配していた夫もまだ大丈夫のようだ。こうなったら、また新たな希望が湧いてくる。正月は大洗海岸に行って、神磯の鳥居越しに、太平洋から昇る真っ赤な初日をこの目で拝みたい。

光のページェント

ケヤキ並木が六十万球の電飾で金色に輝き、この世とも思えない美しさだった。実際に天《あま》の川《がわ》を渡れば、こういう感じがするものだろうか。

十二月の半ば過ぎに「仙台光のページェント」を見にいった。

点灯までの待ち時間に、杜の市場で出来立ての焼き牡蠣を食べていたら、

「これからヒカペかい？」

と、店主に話し掛けられた。きょとんとしていると、

「ページェントに行くんだったら、おふたりさんに絶好のスポットがあるよ」

六十万球の中に一球だけピンクの電球が仕掛けてあり、それを見つけた人には幸せが訪れるというのだ。毎年、大体同じ場所にあるが、二球の年もあるらしい。

ひょっとして、私たち老夫婦は不幸に思われてしまったのだろうか。

辺りが暗くなった五時半、一斉にライト・アップされると、周囲から大歓声が上がった。目の手術をして眼帯を外したときの比ではなかった。一瞬、ベルサイユ宮殿の「鏡の間」を連想

した。満艦飾と違って、電球色一色に輝くさまがとても上品で、セピア色の写真を見ている錯覚を覚えた。人為に造形したものではなく、ケヤキ並木の枝に飾られているので、まるで木に星が降ってきたようだった。

光のページェントが仙台の冬の風物詩となって今年でちょうど三十年、東日本大震災による津波でＬＥＤ電球全てを失いながらも、多くの篤志家と他県からの協力を得て、途切れることなく点灯され続けてきた。

幸せの電球を探すといっても、被災者に比べ、然《さ》したる災害も被《こうむ》らなかった私たちは、もうそれだけで充分幸せなのだといえる。欲深い心は捨てて、せっかくの祭典をゆっくりのんびり楽しまないと、遥ばる訪ねてきた甲斐がない。

寒い仙台の冬も、電飾と人いきれで寒さ知らず、彫像を眺めたりベンチで休んだりしながら、全長８００ｍの遊歩道を東から西に歩いていくと、金一色の優雅な装いが、さながら銀河のように辺りを染めていた。

やがて、人が集まって上方を指さしているところに差し掛かった。見上げると、金色の中にひとつだけ薄桃色に光る電球がある。宝籤《くじ》にでも当たった気分だった。「どこ？　どこ？」と押し掛ける人たちに「あの枝を左に辿って……」と、幸せのお裾分けをした。

なおも歩を進めると、また人が集《た》かって上方を仰いでいる。こんどは、サンタ・クロースに扮した係員が示す枝に目をやると、なんとルビー色に輝く小さな電球があるではないか。これこそが本物の幸せの星！

しかし、本物か偽物かなど、この際どうでもよかった。「あれが幸せを呼ぶピンクの電球」と信じて喜んでいる、一見不幸そうに見えた私たち老夫婦の心に、仄ぼのとした希望の灯が点《とも》った。このことこそが、仕掛け人の意図するところではなかったろうか。


二時間半も煌めく星の下を漫遊して乗った帰りのバスでは、ほとんどの人が眠っていた。でも、私の目にはまだあの電飾が焼き付いていて、ぼんやりと窓外を眺めていた。

夜更けて車内が消灯になると、澄んだ冬の夜空には、天然の星がちらちら瞬《またた》いていた。その星がどこまでも付いてくる、否、追い掛けてくる。それは、本来の天体の美しさを忘れて、人工の電飾にうつつを抜かしている私への警鐘に思えてどきっとした。

この時期はどこもかしこもイルミネーションで、先の大震災のときの計画停電等すっかり忘れ、大掛かりなコンテストまで開いて優劣を競っている。あのケヤキ並木も、もしかしたら「熱い、熱い」と悲鳴を上げていたのかもしれない。

　全くないのも寂しいが、程ほどがよい。冬の夜にこうして照明を落として、美しい星空を眺めながら瞑想に耽《ふけ》っていると、長い人生のあちこちに置いてきてしまった、古きよきものが沸ふつと甦ってくる。

すんでのことで

年末、舌先にぷつっとした水泡が見られたが直ぐに治まったので、正月は普通に屠蘇と雑煮とお節で祝った。それが崇《たた》ってか、年初から炎症がひどくなったため、近くの口腔外科で、舌炎に効くうがい薬と軟膏の処方を受けた。下の前歯三本がビーバーの歯のように長くなっているので、そこが舌先に触《ふ》れないようにと、夜だけ装着するマウスピースも作ってもらった。

三月に入っても治らないので、総合病院を訪ねた。

「これはもう舌炎ではありませんね。舌癌でもないと思いますが、舌腫瘍の疑いがあります」

検査をするには、十日程入院して舌の周囲を５㎜幅くらいに切断する必要がある。舌がそれだけ短くなるので、当然言語障害を伴う。もちろん検査だから、切っても腫瘍ではない場合もあるという。

即座に決断出来ないので、ひと先ず帰宅した。困った。入院となると、老夫を娘に預けなくてはならない。「男子厨房に入らず」と育てられてきた人なので、未《いま》だに家事は何も出来ない。

だから、入院は夏休みまで待つことになる。

そういう事情ならと、取り敢えず、例のうがい薬と軟膏を処方してもらうことになった。身の周りが騒《ざわ》ついてきて悠然と構えていられなくなった夫が、心配して付いてきた。

ひと足遅れて病院に入ってきた彼が、「大失敗した」と言った。

えっ、自動車のドアをぶつけた？　財布を落とした？　大事な予定を忘れていた？

おもむろに脱いだ彼の帽子の下から血が滴《したた》り落ちた。駐車場で躓いて転んだという。私のことで、きっと色いろ思い悩んでいたのだろう。幸い、そこは総合病院だったので、直ぐに外科に連れていった。これでは全く主客転倒だ。

舌が短くなって舌足らずな話し方になっても、元もと無口な私だし、英語の発音が拙《まず》くなれば、それこそ話せない言い訳になる。最悪、筆談しか出来なくなっても、裏紙ならいっぱいあるし、筆記用具も色鉛筆やクレヨン、筆ペン等、書けるものを全部使い切れば本箱が片付く。

そうは言っても、夏休みまでにセカンド・オピニオンをぜひ聞きたいと思った。医学の進んだ現在、切らずに検査する方法があるのではないか？

六月、別の総合病院の予約がやっと取れた。このころまでに夫は、朝食の準備やゴミの分別、掃除、買い物が出来るようになっていた。スーパーの帰りに、私の舌が治るようにと、四つ葉のクローバーを見つけてきてくれたりもした。

受診の前日は、味覚のある間に、夫とゆば懐石を食べにいった。ああ、やっぱり舌切り雀にはなりたくない。

「ほんとうに舌を切ると言われたのですか！」

こんどの口腔外科部長が驚いた様子でこう言った。

「もう六か月も使っているステロイド系軟膏の所為で、舌がかなり侵されています。うがい薬も軟膏も直ぐに止めて、舌が再生する一か月後にもう一度見せてください」

三度目の正直。すんでのことで、恐いお婆さんに舌を切られそうになった哀れな雀が、優しいお爺さんに出会って命拾いしたような心境だった。

それにしても、一向《いっこう》に回復の兆しの見えない炎症に対して、不安に駆られながらも、治りたい一心からこの六か月、昼間もマウスピースを装着したり、口内炎に効くというビタミンB2を服用したり、外食を控えたりと、よかれと思うありとあらゆることをしてきた。それが全くの徒労どころか、却って拗《こじ》らせる結果になってしまったとは。自然治癒力を信じて、気長にときを待てばよかったものを。

そして七月、念のため、舌の一部を採取し、顕微鏡で組織検査を行う生検を受けた。その結果、加齢による多少の病変は見られるものの、治療は行わず、経過観察ということになった。日ごろから歯は気に掛けてはいても、舌のことはその存在すら忘れていた罰が当たった。

手の掛かる夫がいて、手術を先送りしていたこともよかった。ひとりで身軽だったら、何でも早く解決したい私のこと、さっさと入院して切ってもらっていたに違いない。あわや舌切り雀！

こうして私の「舌切り雀騒動」はひと先ず落ち着いた。散ざんふり回された夫は、やれやれとばかりに、また元の「旦那様」に収まり返ってしまった。

消えたノート

四年に一度の電気設備法令点検の日がやってきた。検査員が訪ねてくるのは午後一時だから、それまではのんびり過ごせる。

六畳洋間の真ん中に長四角のテーブル・セットがあり、私はいつもそこに陣取って、週一回テレビで放映される「ニュースで英会話」の録画を繰り返し見ている。テーブルの下は開き戸棚になっているが、毎回使うノートと辞書は敢えて出しっ放しにしてある。

夫は隣の六畳和室の座卓でこれまで、わが家の古文書の整理をしてきた。二百五十余年に亘る清酒造りの資料がようやく纏まったので、県の文書館に寄託するため、この日は洋間のテーブルいっぱいにそれらを並べていた。

手持ち無沙汰になった私は止むなく、同じく洋間のパソコンを弄《いじ》り始めた。画面にはウィンドウズ10への勧誘が何度も表示されるが、私には興味がないので尽《ことごと》く無視した。すると、突然「10へアップグレードします」という通告があり、5%、10%と、どんどん更新が進んでいった。

私のパソコンは性能が悪いので、ウィンドウズ7のままでないと負荷が掛かり過ぎる。慌てて終了してコンセントまで抜いたのに、バッテリーが働いてとうとう100％完了してしまった。さらにランプが点灯したままで電源が落ちない。あれだけ慎重に拒否してきたつもりなのに、どこでどう間違えてしまったのだろう……。

このままではバッテリーが駄目になってしまう。パソコンを抱えて電気店に急いだ。電源ボタンを長押ししてシャットダウンしてもらったが、こんどは起動出来ない。もう一度、同ボタンを長押ししてやっと立ち上げてもらった。

「これはもう、リカバリーするか、新規購入するかですねえ」

さすがは電気店、盛んに新機種を勧める。が、まだ四年しか使っていないので、ここはどうしてもリカバリーしたい、それも自分で。もし失敗したら、そのときこそが買いどきだ。

家に帰ってさっそく、家電品のカタログを片っ端から引っ張り出してテーブルの上に広げた。テレビ、DVDプレーヤー、電話機、印刷機……あった、あった、これこれ。

そのとき、玄関のブザーが鳴って電気設備の検査員が来た。「えっ、もうそんな時間？」

どうせ狭いアパートだから、と見くびられたくないので、部屋周りをきちんと片付けておきたかったのに、テーブルの上はもう滅茶苦茶で、床には電気店に持っていったパソコンの段ボール箱や梱包資材があちこちに散らばっている。

取り敢えず、夫は自分の資料だけ和室に戻し、私はパソコンの段ボール箱の中に、テーブルの上のものを全部押し込んだ。

それなのに、点検は洗面所の上の分電盤だけで、漏電検査は呆気なく終わってしまった。四年前の、まだ引っ越す前の家での検査のことはすっかり忘れていて、他の部屋でも点検があるものと思い込んでいた。

段ボール箱の中に隠したものを一つひとつ取り出して元の位置に置いたときに、本来テーブルの上にあるはずの英語のノートがないことに気が付いた。

そこいらを穿《ほじく》り返している私に、

「私を疑《うたぐ》ってもろうても知らんなあ。大体、そんなとこに放ったらかしにしとくからや」

と、夫はつれないことを言う。

私は、食卓とパソコン台とこのテーブルの三か所に分けて、そこでいつも使うものを置きっ放しにしているが、夫は何でもきちんと仕舞い込んでしまう。いざというときには、必要なものが直ぐに用立てられる私に比べて、夫の場合は、一いち探さないと出てこない。

そのノートは、古文書と同じくらいに古びて、表紙はまるで朴《ほお》の枯葉のように茶色くなり、縁《ふち》も硬化していまにもペシッと折れんばかりだが、ちょっとしたメモ帳としては未だまだ使える。時事英語は難しく、聞き流すだけでは私にはとうてい無理なので、要所をこまめに書き留めている。テレビの画面に焦点を合わせて、手元の眼鏡なしで書くので、ノートの字は大きく、しかも躍っているが、当座の備忘録としては惜しげもなく使えてちょうどよい。

パソコンの件だけでも頭が痛いのに、古ノートのことなど気にしている場合ではない。要するに、覚えられないからメモするのではなく、メモするから覚えられないのだ。これからは、ノートなしに聴くことに集中しよう。

数日後、県の文書館へ行った夫が、珍しくケーキを買ってきてくれた。ははーん、やっぱりそうか……。

テーブルの上に例のノートが忽然《こつぜん》と現われたのを横目で見ながら、私は鼻歌交じりで紅茶を淹れた。夫はきまり悪そうに笑っていたが、年代物の資料の中にとんでもないノートが紛れ込んでいたので、さぞ恥ずかしい思いをしたことであろう。

ところで、私のパソコンはというと、マイクロソフト社から再三届いていたウィンドウズ10への自動更新の案内を、ただ無視するだけで、はっきりと拒否しなかったので、同意したものと看做《みな》されてしまった。その拒否の意思表示の画面への行程が、私には非常に分かり難かった。だれでも知っていることだったのに、と呆れられたが、幸い元のOSに復することが出来た。

私の勲章

きょうは日曜日。久しぶりの晴天なので、出不精な夫を促してショッピング・カートを引っ張り、近くのスーパーまで歩いて買い物にいった。日光街道沿いのアメジスト・セージの花が美しい。

木曜日には、赤坂離宮と国立西洋美術館へのツアーに参加するので、そのおやつを購入。売り出しの大根二本も買い、序《ついで》に2L用の専用容器にアルカリ水ももらって帰路に就いた。

途中、左右に車が見えないのを確認して車道を横切り、反対側の歩道に渡り切ろうというときに、遅れて渡り始めた夫が躓いて転んだ。額から出血している。

急いで引き返そうにも、カートが重くて思うように向きが変わらない。力任せに引っ張ったらそれが裏向きにひっくり返り、遠くに車も見え始めた。

走りながら表向きに直そうとしたのが悪かった。二転、三転したカートに足を抄《すく》われ、左肩から私も転倒した。激痛が奔《はし》る。腕が痺れて動かない。

遠くからこの様子を見ながらゆっくり近付いてきた車のドライバーが、私を介助しながら救急車を呼んでくれた。

「お年寄りのご夫婦です。転倒したご主人を助けようとして奥さんも転倒、奥さんは動けません」

私たちは宇都宮市街の救急病院に搬送された。検査の結果、左上腕骨近位部骨折で緊急入院、手術を受けることになった。傷口の消毒だけで済んだ夫は、ことの顛末《てんまつ》に青くなっている。

「私が転ばなければ……」

と、夫はため息をついた。

「重いカートさえ引っ張っていなければ……」

私も唇を噛んだ。車でならひとっ走りのところを、ツアーに備えて、脚の弱った夫のウォーミング・アップをと思い、わざわざ歩いていってこの災難に遭った。楽しみにしていたツアーはもちろん流れた。

夜通し、引っ切りなしに救急車のサイレンが聞こえる。やがて悔悟の涙も涸れてくると、利き腕ではなく左腕でよかった、それに神経が切れなくて助かった、何よりも頭を打たなくて救われた、と不幸中の幸いを噛みしめる余裕も出てきた。

武田信玄は言っている、「運が悪かったと嘆くと進歩が止まる」と。

病室に持ち込まれたカートから大根のしっぽが二本覗いている。家でひとりの夫は大丈夫だろうか。

昔、義母から無理難題を強いられていたとき、若い夫は見て見ぬふりをしていた。老いてからもずっと「旦那様」で、全てが私の肩に掛かっている。その私の左肩が折れてしまった。昨夜のＴＶドラマ「夏目漱石の妻」が思われる。私の夫は、身を粉にしても支え甲斐のある人だったろうか。

翌日、夫が入院支度を整えてきてくれたが、頼んだものの半分も揃っていない。彼もひとりで右往左往しているのに違いない。

無傷のからだにメスが入り、とうとう私は筋金《すじがね》入り人間になった。

案じていた手術も無事に終わってみれば、病臥の一日は実に長い。猪突猛進してきた者には耐えられないくらいに、ゆっくりと時間が流れていく。スロー・ライフもいいけれど、せっかく堅牢な金属を纏ったのだから、身も心もうんと強くなって精ぜい頑張らないと、大きな代償を払った意味がない。

二週間の入院手術で多くのものを失ったが、ひとつだけ得たものがあった。夫が変わったのだ。

退院して家に帰ると、あちこちがきれいに片付いていた。窓ガラスがぴかぴかに磨かれ、ベランダに洗濯物が翻っていた。食卓には大根の糠味噌漬けとお粥が用意してあった。

この事故で私が得た勲章、それは肩の金属とこの日のお粥だったかもしれない。

私が手に入れたもの

夫が転んで私も骨折してから、私たちは、埼玉県に住む娘の勧めで春日部市のマンションに引っ越し、夫のデイ・サービスへは、私がマイ・カーで送迎していた。

一階でデイ・サービスが行われている同じビルの、三階がシルバー大学になっていて、私はそこに通っている。というよりも、私がここに通いたいために、夫をデイ・サービスに預けている。

私が三階から迎えに下りていくのを、夫はいつも「そわそわして待っている」らしいので、これからは施設の送迎バスを利用するように、と言われた。

わが家のお向かいのおばあさんは、孫の幼稚園バスに手をふって笑顔で見送られるが、こちらのおばあさんは、要介護1の老夫の送迎バスを、不安な面持ちで切なく見送る。ほんの半年前までは元気に歩いていたものを。

きょうは偶《たま》たまシルバー大学が休みなので、九時から三時まで自由に過ごせる。夫の介護に追われる中で、やりたいことは山ほどあったはずなのに、いざフリーになってみると、気が抜けて何も手に付かない。

先ずはコーヒーでも飲んで、とのんびり構えていると、一枚の葉書が届いた。ひと回り年上の従兄弟の訃報であった。何度も入退院を繰り返したが、自宅で安らかに眠るような最期であったという。

私は立ち上がった。自分のことばかり考えていたが、いまやるべきことがはっきり見えてきた。夫のために布団を干し、好物の小海老の佃煮を炊き、スーパーでりんごを買ってきた。

その一方で、義父母から不当な扱いを受けていた私を無視して、両親に諂《へつら》ってばかりいた戦前生まれの、夫に対する不信感はいまでも根強く残っていて、ときに冷たい態度に出てしまう。が、あの当時の彼の心は、ほんとうはどうだったのだろうか。

そこに答えがあるとでもいうように、昔の写真アルバムを広げてみる。見合いの席には、モーツァルトの交響曲『ジュピター』が流れていた。彼の掻き混ぜたクリーム・ソーダが溢れてこぼれたことで、堅苦しい雰囲気が和《なご》んだ。訪問着が汚れないようにと、私のためにオレンジの皮をきれいに剝《む》いてくれた、マンドリンを弾く細く長い指で。

昔もらった手紙を読み返してみる。「こんな僕ですが、一緒に歩いてくれますか」と書いてあった。「両親が恐くて、反抗など出来ない」という孝行息子らしい件《くだり》もあって、そこが妙に引っ掛かった。

夫は、いまごろどうしているだろうか。きょうは施設からの「お出掛け」の日で、喫茶店に行っている時間だ。「少額の飲食費を」と連絡帳に書いてあったので、ウエスト・ポーチに三千余円を入れて持たせた。

送迎バスはこちらの手間が省けるが、バスの来る時間が結構気になって、早くから外に出てやきもきしながら待つことになる。とても「そわそわ」どころではない。自分で送迎するほうがよほど楽だ、等と勝手なことを考えたりもする。

二時過ぎ、黄色の車体にキリンやゾウの描かれた幼稚園バスが、お向かいの園児を送ってきた。胸に名札をぶら下げて出迎えたおばあさんが、お弁当袋を受け取って、ふたりで楽しそうに話しながら家の中に入っていったあと、三時にデイ・サービスのバスが夫を送ってきた。何の変哲もない白い車体に、しかつめらしい黒い文字で「春日部市社会福祉協議会」と書いてある。

このときまでに、夫婦揃っていられる残り少ない時間を、大切に過ごす気になっていた私は、いつもよりも優しく夫を出迎えた。濡れたバス・タオルと下着の入った手提げ袋を受け取ったが、夫はまだ何かを大事そうに持っている。

「奥様と一緒に食べるのだと言って、ご主人が喫茶店で買われたのですよ」

白い紙袋の中の小さな箱には、栗のモン・ブラン・ケーキが二個入っていた。

あとがき

平成二十四（２０１２）年に短歌で綴る自分史『四季に寄せて』（文芸社）を出版して以来、折にふれて書き留めてきた随筆をまとめて、今回姉妹編、随筆で綴る自分史『運命は東風に乗って』を出版させていただきました。

私の一生は、まことに取るに足らぬささやかな人生ではありますが、昭和、平成の時代を生きた証として、傘寿を記念しての発表の運びとなりました。

家族がたびたび登場いたしますが、彼らなくしてはこの作品を紡ぐことは出来ませんでした。とくに義父母の存在があったからこそ、私の人生は幅の広い、奥の深いものとなりました。

この作品に参加してくれたわが愛すべき家族に、心からの謝意を表します。また、随筆のご指導をいただきました諸先生方、A文学会の皆様に厚くお礼を申し上げます。

令和二（２０２０）年三月

日高万里子

解説

A文学会

よいエッセイのほとんどがそうであるように、本作の魅力を短い言葉で「ここがポイント」と説明するのは難しい。この作品集で作者は、特殊な経験を縷々披歴するでもなく、他人があまり行かないような場所への旅をことこまかに綴るでもなく、感性を振りかざして読み手を脅すでもなく、超絶技巧で絢爛たる文章を構築するでもない。

さらに言えば、昨今そこかしこで喧伝される「癒し効果」を売りにするでもなく、これもよく聞く「元気を与える」前向きさを押し出しているわけでもない。あくまでも軽やかでリズムがよく、控え目でありながらほどよくあけっぴろげで、読み手を心地よい波にのせる。

エッセイには、乱暴に分類するならば「動く」系の作品と「静坐する」系の作品があり、書き手により得意不得意が分かれる場合がある。だが作者はこの二つの要素を巧みに混ぜ合わせ、ふくよかな世界を展開するのが得意のようだ。「禁じられた遊び」では詩情あふれる夜行バスが、「運命は東風に乗って」では、宇都宮駅から出発する普通列車が、読み手を時間旅行にいざなってくれる。「人間模様」では高層ビル屋上の展望台という静物画にどやどやとした人波を不意に投げ込んで均衡を崩し、「夢の百歳」では身体のままならぬ動きを読み手に実感させるリアルさと、各年代を表す「金の時代」「銀の時代」などの比喩の、写真のような端正さを渾然一体にして提示する。

少女時代を描いた「十五歳の春」や「東山の女坂」に見られる無力感は、そのとき感じたままのように鮮やかだが、やはり特筆すべきは、だれにとっても初めての体験である加齢を扱った作品の迫力だろう。一抹の寂しさに、覚悟の定まった低い含み笑いが混じった味わいは独特だ。

本作品に目のくらむような山頂はない。意識にのぼらないほどのなだらかさで読み手を次の作品、また次の作品へと運ぶ。一方で後悔や含羞、寂寥といった影の部分が、思いもかけない場所にさしはさまれていて読み手を揺さぶる。その陰影を経たあとに、「この作者が語る時代を、私たちも知っている」幸福感がよりいっそう引き出される。肉体年齢はともかくとして、この作者の、書き手としての絶頂期はむしろこれからなのではなかろうか。

水鳥のたとえを持ち出すまでもなく、生み出されたものの背後には膨大な努力と苦しみがつきものだ。この作品たちを生み出した作者の焦慮と集中を、身近で見てきたであろう作者の身内の人々を、少しうらやましく思う。

著者プロフィール

日高　万里子（ひだか　まりこ）

本名　吉村　壽子（よしむら　ひさこ）

1940 年　大阪府生まれ
1963 年　京都女子大学文学部英文学科卒業
1964 年　結婚後、栃木県宇都宮市に居住
栃木県立高校非常勤講師
大学受験ゼミナール講師など
2000 年　以降フリー
2012 年　短歌で綴る自分史『四季に寄せて』出版
2017 年　埼玉県春日部市に転居
随筆歴 5 年

運命は東風に乗って　随筆で綴る自分史

2020 年 4 月 15 日　第 1 刷発行

著　者　日高　万里子
発行社　A文学会
発行所　A文学会
〒 181-0015　東京都三鷹市大沢 1-17-3（編集・販売）
〒 105-0013　東京港区浜松町 2-2-15-2F
電話 050-3414-4568（販売）FAX　0422-31-8164
E-mail：info@abungakukai.com

ISBN978-4-9911311-0-3